Dd Ee

Ii Jj Kk

Oo

Pp

Ss Tt Uu

Yy Zz

Nach den Geschichten von Waldemar Bonsels
„Die Biene Maja und ihre Abenteuer" und „Himmelsvolk"

www.studio100.de

Emil-Hoffmann-Straße 1, 50996 Köln

Texte von Carola von Kessel (A–O) und Carola Wimmer (P–Z)
Illustrationen von Gerlinde Keller sowie Bob Bampton, Andreas Belser, Oliver Bieber, Christine Bietz, Dieter Büsch, Ray Cresswell, Franz Csmarits, Peter Friedl, Gisela Fuhrmann, Arno Kolb, Pieter Kunstreich, Miles Kelly Art Library, Gerd Ohnesorge, Guido Schlaich, Katja Schmiedeskamp, Reiner Zieger

Art. Nr. 13230
ISBN 978-3-86775-230-5

www.schwager-steinlein-verlag.de

Die Biene Maja

KINDER LEXIKON

Schwager & Steinlein

A

der Aal
Ein Aal ist ein Fisch mit langem, schmalem Körper. Die meisten Aal-Arten haben keine Schuppen, sondern glatte Haut.

das Abendmahl
Beim Abendmahl nehmen Christen im Gottesdienst Brot und Wein zu sich. Manchmal werden auch Hostien und Traubensaft verteilt. Das Abendmahl erinnert die Gläubigen an Jesus Christus, der mit seinen Jüngern Brot und Wein geteilt hat.

der Abschleppwagen
Wenn ein Auto nicht mehr fährt, bringt der Abschleppwagen es in die Werkstatt. Die meisten Abschleppwagen sind mit einer Seilwinde oder einem Kran ausgestattet.

die Ader
Eine Ader ist ein Blutgefäß. Das Blut in deinem Körper fließt durch viele große und kleine Adern.

der Adler
Adler sind große Greifvögel, die bei uns selten geworden sind. Der größte ist der Steinadler mit einer Flügelspannweite von über zwei Metern. Adler ernähren sich von kleineren Säugetieren, der Fischadler von Fischen, die er im Sturzflug erbeutet.

der Advent
Etwa vier Wochen vor Weihnachten beginnt der Advent. Am ersten Adventssonntag wird eine Kerze auf dem Adventskranz angezündet. Dann folgt jeden Sonntag eine weitere Kerze, bis am vierten Advent alle vier Kerzen brennen.

der Affe
Dieses Säugetier ist eng mit dem Menschen verwandt. Manche Affen sind kleiner als Katzen, andere wie zum Beispiel die Gorillas werden fast so groß wie erwachsene Menschen.

der Ahorn
Der Ahornbaum wächst in Mischwäldern und an Wegrändern. Seine Früchte kannst du dir als Nasenzwicker auf die Nase stecken.

der Affenbrotbaum
Dieser Baum hat einen sehr dicken Stamm. Seine Früchte werden nicht nur von Affen gefressen, sondern auch von Elefanten und Antilopen. Affenbrotbäume wachsen in Afrika, Australien und Südasien.

das Akkordeon
Dieses Musikinstrument wird auch Ziehharmonika genannt. Wenn man das Akkordeon auseinander zieht und wieder zusammenschiebt, entstehen Töne.

der Albtraum
Das ist ein Traum, der dir Angst macht und von dem du plötzlich aufwachst. Er ist nach den Alben benannt, die als Naturgeister in vielen Märchen und Sagen vorkommen.

Afrika
In diesem Erdteil ist es sehr warm. In den Wüsten und Regenwäldern leben viele wilde Tiere wie Elefanten, Flusspferde und Giraffen. Die Menschen in Afrika haben dunkle Haut.

A

die Alge
Diese Pflanze wächst im Wasser und dient vielen Wassertieren als Nahrung.

die Allergie
Wenn jemand bestimmte Pflanzen, Tiere oder Lebensmittel nicht verträgt, hat er eine Allergie. Zu den Anzeichen zählen zum Beispiel Niesreiz und Hautausschlag.

die Alpen
Die Alpen sind das höchste Gebirge Europas. Sie erstrecken sich über eine Länge von 1200 Kilometern und liegen zwischen Italien, Frankreich, der Schweiz, Deutschland, Österreich und Slowenien.

die Amazone
In alten griechischen Sagen werden die Amazonen als kriegerische Reiterinnen beschrieben. Wenn heute jemand von einer Amazone spricht, meint er meistens eine ganz normale Reiterin.

die Ameise
Ameisen sind kleine Insekten. Sie bilden zu Tausenden ein Volk. Im Wald bauen Ameisen oft große Nesthügel aus Baumnadeln.

der Ameisenbär
Er lebt in Südamerika und ernährt sich von Ameisen, die er mit seiner langen, klebrigen Zunge einfängt.

Amerika
Dieser Erdteil besteht aus zwei Teilen und erstreckt sich von der Nord- bis zur Südhalbkugel der Erde. Hier gibt es ganz unterschiedliche Landschaften wie Meeresküsten, große Seen, hohe Berge und Regenwälder. Moderne Städte wie New York im Norden und Rio de Janeiro im Süden liegen hier.

die Ampel
Wenn die Fußgängerampel rot leuchtet, musst du am Straßenrand stehen bleiben. Das grüne Licht bedeutet, dass du die Straße überqueren darfst.

die Amsel
Sie hat braune oder schwarze Federn und ist ein Singvogel. Amseln ernähren sich von Würmern, Insekten und Früchten.

die Anakonda
Diese Riesenschlange lebt in Südamerika. Sie kann fast neun Meter lang werden.

die Ananas
Die Ananasfrucht schmeckt süß und saftig. Bevor du sie isst, musst du die harte Schale und die Blätter entfernen. Es gibt Ananas auch in Scheiben oder Stücken aus der Dose.

die Angel
Mit einer Angel kannst du Fische fangen. Dazu befestigst du am Angelhaken einen Köder, zum Beispiel einen Wurm. Schnappt ein Fisch nach dem Köder, bleibt er an der Angel hängen. Jetzt kannst du den Fisch aus dem Wasser ziehen.

A

Antarktika
Dieser Erdteil liegt am Südpol. Er ist zum großen Teil mit einem dicken Eispanzer bedeckt. Hier leben nur etwa 1000 Menschen, die den Kontinent erforschen. Es gibt aber viele Tierarten, dich sich hier auch bei minus 50 Grad wohl fühlen, zum Beispiel Pinguine, Seelöwen und der Albatros.

die Apotheke
In einer Apotheke gibt es Arzneimittel, Pflaster, Heilsalben und alles andere, was man zum Gesundwerden braucht.

die Antilope
Antilopen leben in Afrika und Asien. Sie haben zwei Hörner auf dem Kopf und können blitzschnell laufen. Manche Antilopen sind so groß wie ein Hund, andere erreichen die Größe eines Pferdes.

die Aprikose
Die Aprikose zählt zum Steinobst. In ihrem süßen Fruchtfleisch steckt ein harter Kern, den man nicht essen kann.

das Aquarium
Wenn du Fische oder andere Wassertiere im Haus halten möchtest, brauchst du ein Aquarium. Das ist ein Glasbehälter, der mit Wasser gefüllt ist und in dem Wasserpflanzen wachsen.

der Apfel
Diese knackige Frucht gibt es in vielen Sorten. Manche Äpfel sind süß, andere sauer. Man kann auch Apfelsaft daraus pressen – eine köstliche Erfrischung!

der Araber
Der Araber, auch arabisches Vollblut genannt, gilt als eine der edelsten Pferderassen. Araber sind zierlich und äußerst leistungsfähig. Sie sind beliebte Reitpferde und werden besonders gerne für Pferderennen eingesetzt.

der Archaeopteryx
Dieser Vogel lebte vor 150 Millionen Jahren zur Zeit der Dinosaurier. Er war ungefähr so groß wie eine Taube.

die Arznei
Sie hilft kranken Menschen und Tieren beim Gesundwerden. Es gibt viele verschiedene Arzneien, zum Beispiel Hustensaft, Kräutertee oder Tabletten.

die Arktis
In diesem Gebiet rund um den Nordpol herrschen im Winter eisige Temperaturen, im Sommer wird es bis zu 20 Grad warm. In der Arktis leben Eisbären, Polarfüchse und Rentiere.

Asien
In diesem riesigen Erdteil lebt ungefähr die Hälfte aller Menschen. Hier gibt es die höchsten Berge der Welt, aber auch riesige Steppen und Urwälder.

die Artischocke
Diese Distelpflanze wächst in vielen warmen Ländern. Die Blütenköpfe kann man essen.

die Aster
Die Blütenblätter der Aster sehen aus wie kleine Sonnenstrahlen. Astern wachsen in der freien Natur und in Gärten. Sie blühen in vielen verschiedenen Farben.

A

das Asthma
Wer diese Krankheit hat, leidet immer wieder unter plötzlicher Atemnot. Oft kommt heftiger Husten dazu. Manchmal wird Asthma durch eine Allergie ausgelöst, manchmal ist die Ursache aber auch unklar.

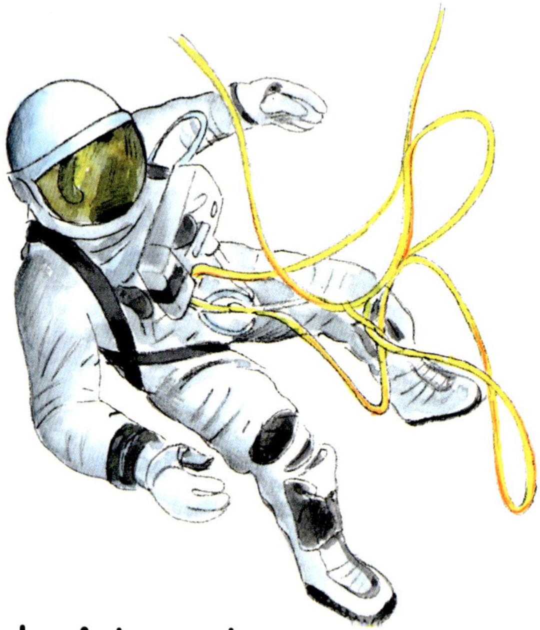

der Astronaut
Astronauten fliegen mit Raumschiffen ins Weltall. Dort erkunden sie fremde Planeten und Sterne oder erforschen neue Technologien.

der Atlas
Ein Atlas ist ein dickes Buch voller Landkarten. Hier kannst du nachsehen, wo die einzelnen Länder und Städte der Erde liegen.

die Atmung
Sie erhält nicht nur uns Menschen am Leben, sondern auch die Tiere. Beim Menschen strömt die eingeatmete Luft durch Mund oder Nase in die Lunge. Dort versorgt sie das Blut mit Sauerstoff. Beim Ausatmen geben wir Kohlendioxid ab, das der Körper nicht mehr braucht.

die Aubergine
Dieses längliche Gemüse mit violetter Schale ist roh ungenießbar, schmeckt aber in Aufläufen oder als Püree besonders gut.

der Aufzug
Mit einem Aufzug kannst du in mehrstöckigen Gebäuden nach oben und unten fahren. Damit der Aufzug im richtigen Stockwerk anhält, musst du in der Aufzugskabine den passenden Knopf drücken.

das Auge
Mit deinen Augen kannst du Farben und Formen sehen. Die runde, farbige Fläche in deinem Auge ist die Regenbogenhaut. In ihrer Mitte liegt die Pupille, durch die das Licht ins Auge fällt. Je dunkler es ist, desto größer wird die Pupille.

Australien
Dieser Erdteil liegt auf der Südhalbkugel der Erde. In Australien ist Winter, wenn bei uns Sommer ist. Dafür ist es dort heiß und trocken, wenn bei uns der Winter einkehrt. In Australien leben viele Tiere, die es nur hier gibt, zum Beispiel Kängurus, Wombats und Koalas.

das Auto
Ein Auto braucht Treibstoff, damit es fahren kann. Der Motor verbrennt den Treibstoff und treibt das Auto an. Dabei entstehen Abgase, die aus dem Auspuff strömen. Ein Auto, bei dem man das Dach öffnen kann, nennt man Cabrio.

die Avocado
Diese Frucht sieht aus wie eine dunkelgrüne Birne. Avocados schmecken zum Beispiel als Mus oder im Salat. Nur die Schale und den großen Stein in ihrem Fruchtfleisch kann man nicht essen.

die Axt
Mit diesem Werkzeug kann man Bäume fällen und Brennholz spalten. Eine Axt besteht aus einem Holzstiel und einer schmalen, scharfen Schneide.

die Azteken
Das Volk der Azteken lebte vor vielen hundert Jahren in Mexiko. Die Azteken betrieben Landwirtschaft und glaubten an mehrere verschiedene Götter.

B

der Bagger

Mit einem Bagger kann man Gruben ausheben und Erde oder Kies abtragen. Die Baggerschaufel ist meist an einem schwenkbaren Arm befestigt. Manche Bagger haben große Räder, andere fahren auf Ketten.

der Baldrian

Diese Heilpflanze wächst an Wegen und Waldrändern. Aus ihrer Wurzel kann man Tropfen und Tees herstellen, die beruhigend wirken.

das Ballett

Das Ballett ist ein Tanz nach festen Regeln. Die Tänzerinnen und Tänzer müssen viele verschiedene Bewegungen beherrschen, bevor sie bei Ballett-Aufführungen auftreten können.

die Banane

Bananen wachsen in heißen Ländern. Bei der Ernte ist ihre Schale noch grün und wird erst später gelb. In der Schale sind Bananen von Natur aus gut verpackt, sodass du sie als Zwischenmahlzeit überallhin mitnehmen kannst.

das Banjo

Dieses Zupfinstrument stammt aus Afrika. Heute spielen Musiker auf der ganzen Welt damit.

die Bank

Dieses Wort hat zwei Bedeutungen: 1. Eine Bank ist ein Sitzmöbel. 2. Als Bank bezeichnet man auch ein Unternehmen, das Geld verwaltet. Wenn du Geld gespart hast, kannst du es zur Bank bringen. Dort wird ein Sparkonto für dich angelegt. Die Bank gibt dir dann jedes Jahr ein bisschen Geld zu deinem Ersparten dazu.

das Basilikum

Das Basilikum ist ein Kraut, das zum Würzen von Pizza, Nudelgerichten und Salat verwendet wird.

die Batterie

Batterien sind kleine Energiespeicher, die bei Bedarf Strom liefern. Mit Batterien kannst du zum Beispiel eine Taschenlampe oder einen Gameboy betreiben.

das Baumhaus

So nennt man ein Haus hoch oben zwischen den Ästen eines Baumes. In manchen Gegenden leben die Menschen in Baumhäusern, um sich vor Überschwemmungen und anderen Gefahren zu schützen. Bei uns sind Baumhäuser vor allem bei Kindern beliebt.

die Baumwolle

Viele Kleidungsstücke wie T-Shirts und Jeans sind aus Baumwolle. Der Stoff wird aus den Samenhaaren der Baumwollpflanze gewebt.

das Becken

Dieser Begriff hat mehrere Bedeutungen: 1. Das Musikinstrument Becken besteht aus zwei Metallscheiben, die man gegeneinander schlägt. Es gibt auch Becken mit nur einer Scheibe, die mit einem Schlegel angeschlagen wird. 2. Das Becken ist auch ein Teil des menschlichen Körpers. Es verbindet die Wirbelsäule mit den Beinen.

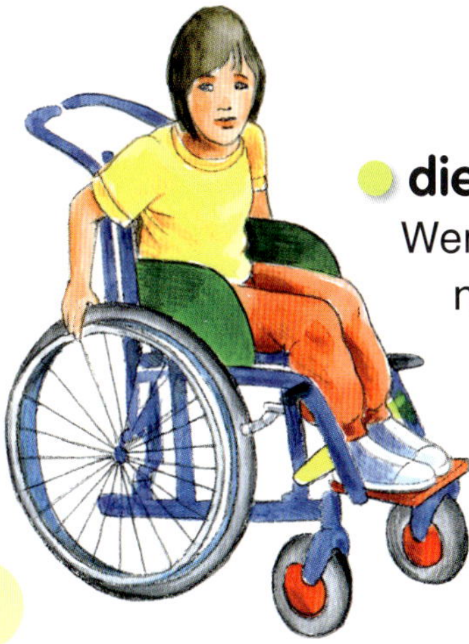

die Behinderung

Wenn jemand dauerhaft nicht gehen, hören oder sehen kann, hat er eine Behinderung. Es gibt körperliche und geistige Behinderungen. Manche Menschen kommen damit auf die Welt, andere bleiben nach einer Krankheit oder einem Unfall behindert. Viele Behinderte sind sehr erfolgreiche Sportler.

Belgien

In diesem europäischen Land werden drei verschiedene Sprachen gesprochen: Niederländisch, Französisch und Deutsch. Belgien liegt an der Nordsee. Die Hauptstadt ist Brüssel.

der Bernhardiner

Diese große, kräftige Hunderasse stammt aus der Schweiz. Bernhardiner haben schon viele Menschen gerettet, die unter Lawinen verschüttet waren.

B

der Biber
Biber sind große Nagetiere. Sie können sehr gut schwimmen und bauen im Wasser gewaltige Burgen aus abgenagten Ästen und Zweigen.

die Biene
Diese fliegenden Insekten stellen aus Blütensaft Honig her. Bienen bilden zu Tausenden ein Volk mit einer Königin. Wenn du von einer Biene gestochen wirst, solltest du rasch den Stachel aus deiner Haut ziehen. Eine der bekanntesten Bienen der Welt ist die Biene Maja.

das Bier
Dieses nahrhafte Getränk wird aus Malz, Hopfen und Wasser gebraut. Weil die meisten Biersorten Alkohol enthalten, sind sie nur etwas für Erwachsene.

der Bildschirm
Auf einem Bildschirm werden Zeichen und Bilder dargestellt. Es gibt große Computer- und Fernsehbildschirme. Aber auch viele kleine Geräte wie zum Beispiel Telefone und Kameras sind mit Bildschirmen ausgestattet.

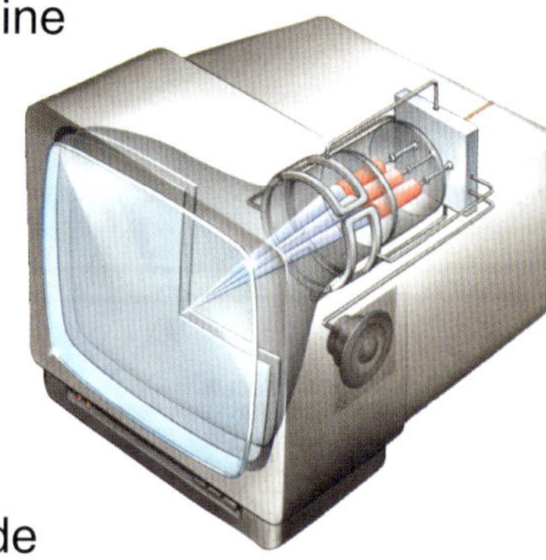

die Birke
An der weißen Rinde kannst du diesen Laubbaum leicht erkennen. Birken wachsen an Wegrändern und in Wäldern. Viele Menschen haben eine Allergie gegen Birkenpollen.

die Birne
Birnen schmecken süß und saftig. Viele Sorten sind aber nicht lange haltbar. Deshalb genießt du sie am besten frisch vom Baum, wenn sie im Spätsommer reif sind.

die Blase
Dieses Wort hat mehrere Bedeutungen. 1. Wenn du zu kleine Schuhe trägst, bekommst du Blasen an den Füßen. Das sind schmerzende Stellen, die mit Flüssigkeit gefüllt sind. 2. Auch in deinem Bauch gibt es mehrere Blasen, zum Beispiel die Gallenblase oder die Harnblase, in der sich der Urin sammelt.

das Blaulicht
Mit dieser Warnlampe machen Einsatzfahrzeuge der Polizei, der Feuerwehr und der Rettungsdienste auf sich aufmerksam. Meist ist das Blaulicht auf dem Autodach befestigt.

das Blesshuhn
Das Blesshuhn hat schwarze Federn und einen weißen Schnabel. Es lebt in Feuchtgebieten, an Seen und Bächen.

der Blinddarm
Er gehört zum Darm, der in deinem Bauch die Verdauung regelt. Wenn der Blinddarm entzündet ist, bekommst du starke Bauchschmerzen. Oft hilft dann nur noch eine Operation.

die Blindheit
Ein blinder Mensch kann nichts sehen. Manchmal ist die Blindheit angeboren, manchmal tritt sie infolge von Krankheiten oder Unfällen auf. Blinde Menschen finden sich zurecht, indem sie ihre Umgebung mit einem Blindenstock „abtasten" oder sich von einem Blindenhund führen lassen.

die Blindschleiche
Mit ihrem langen Körper und der glatten Haut sieht die Blindschleiche aus wie eine Schlange. Tatsächlich gehört sie aber zu den Echsen. Blindschleichen verstecken sich gerne unter Laub oder Zweigen. Sie sind für Menschen völlig ungefährlich.

der Blitz
Ein Blitz entsteht, wenn sich bei einem Gewitter elektrische Funken entladen. Er zuckt als helles Licht am Himmel auf. Wenn ein Blitz auf der Erde einschlägt, trifft er dort meist hohe Gebäude oder Bäume. Deshalb solltest du dich bei Gewitter nicht unter einen Baum stellen.

der Blitzableiter
Er besteht aus Metall und schützt Häuser vor Blitzschlag, indem er die Blitzströme gefahrlos zur Erde leitet.

die Blockflöte
Um mit diesem Blasinstrument zu spielen, setzt du das Mundstück an die Lippen. Die Töne bestimmst du, indem du mit deinen Fingern die Grifflöcher schließt oder öffnest. Blockflöten bestehen aus Holz oder Kunststoff.

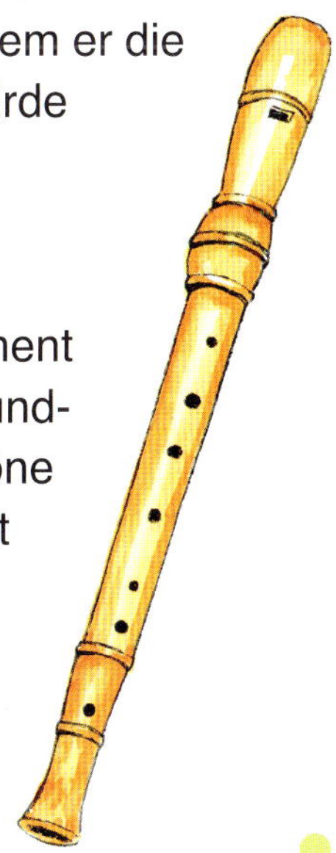

B

der Blumenkohl

Mit seinen weißen Blütensprossen erinnert dieser Kohl an eine große Blume. Aus Blumenkohl kann man köstliche Suppen und Aufläufe zubereiten.

das Blut

Es fließt durch deine Adern und versorgt den Körper mit Sauerstoff. Wenn du dich schneidest, fließt Blut aus der Wunde. Nach kurzer Zeit bildet sich eine Kruste und verschließt die Wunde. Größere Verletzungen müssen vom Arzt genäht werden.

die Bohne

Es gibt Bohnen in vielen verschiedenen Farben und Formen – zum Beispiel lange grüne und kleine weiße, rote oder schwarze Bohnen. Sie zählen zu den Hülsenfrüchten und werden überall auf der Welt gegessen.

die Bohrmaschine

Mit diesem Gerät kann man Löcher bohren. Dabei dreht sich ein langer, schmaler Bohrer in das Material und hinterlässt ein Loch. Die meisten Bohrmaschinen werden elektrisch betrieben.

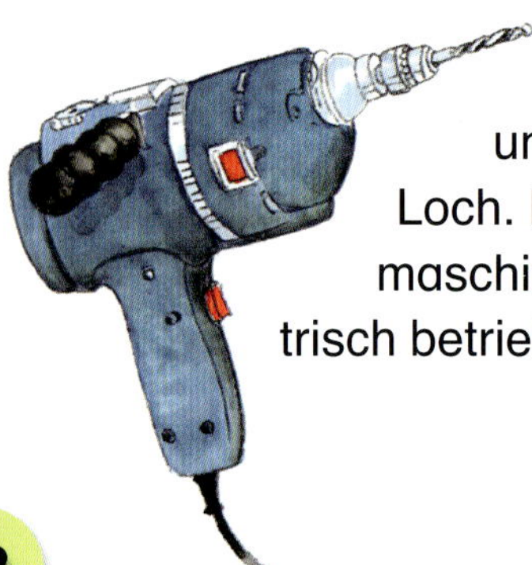

das Bonbon

Bonbons schmecken süß oder sauer und enthalten oft viel Zucker. Manche helfen gegen Krankheiten, zum Beispiel Hustenbonbons. Die meisten Bonbons schmecken aber einfach nur lecker!

der Boxer

Dieser Begriff hat mehrere Bedeutungen: 1. Der Boxer ist eine Hunderasse. Das Auffälligste an ihm ist sein faltiges Gesicht mit der kurzen Schnauze. Boxer sind stämmig und haben kurzes, bräunliches Fell. Sie eignen sich gut als Familienhunde. 2. Im Boxring kämpfen zwei Boxer mit den Fäusten gegeneinander. Zum Schutz vor Verletzungen tragen sie dicke Handschuhe und einen Gebissschutz.

der Brachiosaurus

Dieser Dinosaurier lebte vor etwa 150 Millionen Jahren. Er war so hoch wie ein mehrstöckiges Haus und ernährte sich von Pflanzen.

Brasilien
In diesem südamerikanischen Land gibt es riesige Regenwälder. Dort leben zum Beispiel Papageien, Faultiere und Ameisenbären.

die Bratsche
Dieses Streichinstrument sieht so ähnlich aus wie eine Geige. Bratschen sind aber größer und klingen etwas tiefer als Geigen.

der Braunbär

Ein ausgewachsener Braunbär wiegt ungefähr dreimal so viel wie ein erwachsener Mensch. Obwohl er so kräftig ist, kann er blitzschnell laufen. Früher gab es fast überall auf der Welt Braunbären. Heute musst du in den Zoo gehen, um sie zu sehen.

die Brennnessel
Sie wächst in der freien Natur. Wenn du eine Brennnessel berührst, bekommst du juckende Bläschen auf der Haut.

die Brille
Viele Menschen können weit entfernte Dinge nur verschwommen erkennen. Sie sind kurzsichtig. Es gibt aber auch Leute, die weitsichtig sind. Sie sehen alles unscharf, was dicht vor ihren Augen liegt. In beiden Fällen sorgt eine Brille dafür, dass die Menschen wieder scharf sehen.

der Broccoli
Dieser Gemüsekohl sieht so ähnlich aus wie Blumenkohl – nur in grün. Broccoli ist sehr gesund und schmeckt köstlich.

die Brombeere
Sie wächst wild am Waldrand, aber auch in vielen Gärten. Wie alle wilden Früchte solltest du auch Brombeeren gründlich waschen, bevor du sie isst.

B

das Brot
Es gibt viele verschiedene Brotsorten, zum Beispiel Weißbrot, Schwarzbrot oder Knäckebrot. Brot besteht hauptsächlich aus Mehl und Hefe oder Sauerteig. Manchmal werden auch Gewürze oder Körner in den Teig gemischt. Sie verleihen dem Brot einen besonderen Geschmack.

die Brücke
Brücken führen über Flüsse, Täler und Straßen. Bei einer Hängebrücke ist die Fahrbahn an hohen Pfeilern aufgehängt, bei einer Bogenbrücke wird sie durch einen hohen Bogen abgestützt.

der Brunnen
Brunnen versorgen die Menschen in vielen Gegenden der Erde mit Trinkwasser. Manche Brunnen fangen frisches Quellwasser auf. Bei anderen gelangt man durch ein tiefes Loch an das Grundwasser unter der Erdoberfläche.

die Buche
Dieser Laubbaum wächst an Straßenrändern und in Wäldern. Es gibt auch Buchenhecken. Sie bestehen aus vielen kleinen Buchen, die dicht nebeneinander gepflanzt werden.

die Bücherei
Hier findest du Bücher zu allen Themen, die dich interessieren. Du kannst sie dir für eine bestimmte Zeit ausleihen und dann zurückbringen. Auch CDs, DVDs und Comics gibt es hier.

der Buchfink
Dieser kleine Singvogel wiegt nur 20 Gramm – so viel wie eine Scheibe Käse! Das Weibchen hat braungraue Federn, das Männchen erkennst du an seinem roten Bauch und dem blauen Kopf.

der Büffel
Büffel haben zwei Hörner auf dem Kopf und graues oder braunes Fell. In Afrika und Asien gibt es viele wild lebende Büffel. Oft werden sie auch als Nutztiere gehalten wie bei uns die Kühe. Die kleinsten Büffel sind so groß wie Schäferhunde, die größten erreichen die Rückenhöhe eines Großpferdes.

die Bühne
Im Theater ist die Bühne der Bereich, in dem die Schauspieler auftreten. Meist kann sie durch einen Vorhang vom Zuschauerraum abgetrennt werden.

Bulgarien
Dieses Land im Südosten Europas grenzt an Griechenland und die Türkei. Die Hauptstadt ist Sofia.

der Bumerang
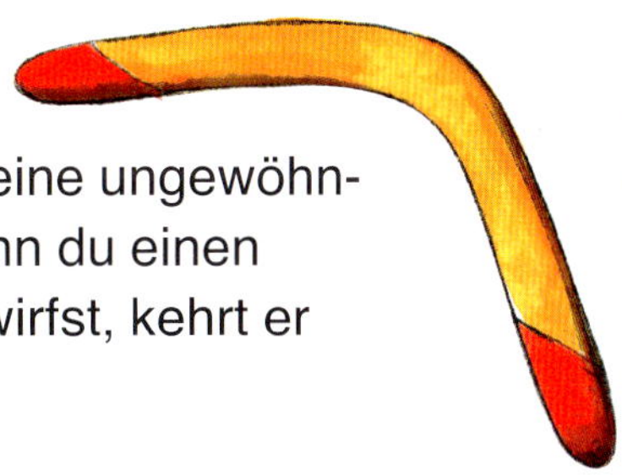

Dieses Wurfgerät hat eine ungewöhnliche Eigenschaft: Wenn du einen Bumerang in die Luft wirfst, kehrt er wieder zu dir zurück.

die Burg
Im Mittelalter wohnten hier die Ritter. Die Burg war rundum von einer hohen Mauer mit Wachtürmen umgeben. Zusätzlich sorgte ein Wassergraben dafür, dass keine Feinde eindringen konnten.

der Bus
Er hat einen starken Motor und bietet Platz für viele Fahrgäste. Ein Linienbus fährt von Haltestelle zu Haltestelle. Ein Schulbus bringt die Kinder zur Schule und ein Reisebus die Urlauber an ihr Ferienziel.

die Butter
Butter wird aus Milch hergestellt. Sie enthält viel Fett und schmeckt nicht nur auf Brot, sondern auch im Kuchen.

C

die CD

Eine CD ist ein Datenträger, auf dem man Musikstücke und Computerdateien abspeichern kann. Die Abkürzung CD steht für „Compact Disc" und bedeutet „kleine Scheibe".

das Cello

Dieses Streichinstrument heißt auch Violoncello. Es ist ungefähr so hoch wie ein Tisch. Zum Spielen hält der Cellist es zwischen seinen Beinen und streicht mit dem Bogen über die Saiten.

das Chamäleon

Diese Echse lebt in heißen Ländern und hat eine ganz besondere Fähigkeit: Sie kann ihre Zunge blitzschnell herausschleudern und damit Insekten fangen. Außerdem wechseln Chamäleons je nach Stimmung die Hautfarbe.

der Champignon

Er ist ein beliebter Speisepilz. Champignons wachsen auf Wiesen und in Wäldern. Oft werden sie auch in besonderen Kellern gezüchtet.

der Chicorée

Dieses Gemüse schmeckt gekocht oder roh als Salat. Chicorée hat weiße, längliche Blätter.

Chile

In diesem südamerikanischen Land gibt es viele Berge und Vulkane. Die Hauptstadt ist Santiago de Chile.

China

Hier leben mehr Menschen als in irgendeinem anderen Land. China ist ungefähr 26-mal so groß wie Deutschland und liegt in Asien. Die Hauptstadt ist Peking.

der Chirurg

Dieser Arzt arbeitet im Krankenhaus und führt Operationen durch.

- **der Chor**
Ein Chor ist eine Gruppe von Menschen, die gemeinsam Lieder singen. Es gibt Mädchenchöre, Knabenchöre und solche für Erwachsene.

- **der Chow-Chow**
Diese Hunderasse stammt aus China. Chow-Chows haben wuscheliges Fell und blaue Zungen.

- **der Clown**
Er tritt als Spaßmacher im Zirkus auf. Clowns lassen sich lustige Dinge einfallen, um die Zuschauer zum Lachen zu bringen.

- **der Clownfisch**
Clownfische sind orangefarben mit weißen Streifen. Sie leben in warmen Meeresabschnitten oder auch im Aquarium.

- **die Cola**
Dieses Getränk enthält Zucker, Koffein und Kohlensäure. Beim Öffnen einer Colaflasche solltest du immer vorsichtig sein, weil Cola leicht überschäumt.

- **der Computer**
Mit einem Computer kannst du Briefe schreiben, Rechenaufgaben lösen und im Internet surfen. Computer verarbeiten Zahlen und Buchstaben viel schneller als wir Menschen. In vielen Gegenständen des Alltags stecken kleine Computer, zum Beispiel in Waschmaschinen und Autos.

- **der Cowboy**
Cowboys hüten vom Pferd aus riesige Rinderherden. Sie verbringen oft den ganzen Tag im Sattel. Seit es Motorfahrzeuge gibt, sind die Cowboys seltener geworden.

D

der Dachs

Mit seinem schwarz-weiß gestreiften Gesicht sieht der Dachs eindrucksvoll aus. Dachse leben in unterirdischen Bauen. Weil sie sehr scheu sind, bekommt man sie nur selten zu sehen.

der Dackel

Es gibt verschiedene Dackelrassen, zum Beispiel Kurzhaardackel und Rauhaardackel. Dackel sind beliebte Jagdhunde, weil sie mit ihren kurzen Beinen sogar in Dachsbaue kriechen können.

der Dalmatiner

Dieser mittelgroße Hund hat weißes Fell mit dunklen Tupfen. Bei der Geburt sind Dalmatiner meist noch ganz weiß. Die Flecken erscheinen allmählich in den ersten Lebenswochen.

die Dämmerung

So nennt man den Übergang zwischen Tag und Nacht. Während der Dämmerung ist es draußen weder richtig hell noch ganz dunkel.

der Dampf

Wenn du Wasser in einem Topf erhitzt, beginnt es nach einer Weile zu kochen. Die heißen Wolken, die dabei über dem Topf aufsteigen, bezeichnet man als Wasserdampf.

die Dampfmaschine

Eine Dampfmaschine wird mit Wasserdampf betrieben. Sie bewegt zum Beispiel Dampfschiffe oder Dampflokomotiven.

Dänemark

Dieses europäische Land liegt nördlich von Deutschland zwischen Nordsee und Ostsee. Zu Dänemark gehören viele Inseln. Die Hauptstadt ist Kopenhagen.

die Dattel

Diese Frucht ist ungefähr so groß wie eine Pflaume. Sie wächst in heißen Ländern an Palmen und schmeckt herrlich süß. Du kannst sie frisch oder getrocknet essen.

der Delfin

Delfine sehen aus wie Fische, aber sie sind Säugetiere. Sie leben in Gruppen zusammen und gelten als sehr klug. Beim Schwimmen springen sie oft aus dem Wasser und zeigen tolle Kunststücke.

das Denkmal

Denkmäler werden zu Ehren und zur Erinnerung berühmter Personen oder wichtiger Ereignisse errichtet. Sie stehen oft auf großen Plätzen in den Städten.

der Detektiv

Er deckt Verbrechen auf und enträtselt Geheimnisse, indem er verdächtige Leute beobachtet. Ein Detektiv arbeitet im Auftrag von Privatpersonen oder Firmen. Er muss sich immer gut tarnen und superschlau sein.

Deutschland

Deutschland ist eines der größten Länder in Europa. Eine Zeit lang war es in zwei Staaten geteilt: in die Deutsche Demokratische Republik (DDR) und die Bundesrepublik Deutschland (BRD). Im Jahr 1990 ist die DDR der BRD beigetreten. Seitdem gibt es nur noch einen deutschen Staat, die Bundesrepublik Deutschland. Die Hauptstadt ist Berlin.

D

der Diabetes
Wer diese Krankheit hat, muss genau auf seine Ernährung achten. Weil Diabetiker keinen Zucker vertragen, nennt man Diabetes auch Zuckerkrankheit.

der Dinosaurier
Vor vielen Millionen Jahren lebten auf der Erde noch keine Menschen, aber jede Menge Dinosaurier. Manche waren riesengroß, andere ganz klein. Es gab auch fliegende Dinos und solche, die im Wasser schwammen. Die Dinosaurier sind vor ungefähr 65 Millionen Jahren ausgestorben.

der Diamant
Dieser Edelstein ist das härteste Material, das es auf der Welt gibt. Er wird nicht nur zu Schmuck verarbeitet, sondern zu hauptsächlich zu Schneidewerkzeugen und Bohrern.

die Diät
Manche Menschen dürfen wegen einer Krankheit oder einer Allergie nur bestimmte Lebensmittel essen. Eine solche Ernährung bezeichnet man als Diät. Es gibt auch Diäten für gesunde Leute, die abnehmen möchten.

der Dirigent
Wenn viele Menschen gemeinsam musizieren, brauchen sie einen Dirigenten. Er gibt mit seinem Taktstock den Takt vor und steuert die Einsätze der Musiker.

der Dill
Diese Gewürzpflanze wächst in vielen Gärten. Dill passt hervorragend zu Gurkensalat und Fisch.

die Distel
Disteln haben stachelige Blätter, die ganz schön piksen können. Deshalb solltest du sie besser nicht berühren.

die Dohle

Dieser Krähenvogel hat dunkelgraue bis schwarze Federn und ist in der Stadt genauso anzutreffen wie in der Natur. Dohlen bauen ihre Nester gerne in Baumhöhlen, Felsspalten und Schornsteinen.

das Domino

Für dieses Spiel brauchst du besondere Spielsteine. Auf jedem Stein befinden sich zwei Felder mit Augenzahlen von 0 bis 6. Es müssen immer Steine mit gleicher Augenzahl aneinander gelegt werden. Wer zuerst alle Steine anlegen konnte, hat gewonnen.

der Dompfaff

Dieser Singvogel heißt auch Gimpel und lebt in Wäldern und Gärten. Seine Federn sind überwiegend grau. Nur das Männchen hat einen roten Bauch.

der Dompteur

Er bringt Raubtieren Kunststücke bei und führt diese im Zirkus oder bei Veranstaltungen vor. Das ist ganz schön gefährlich, weil auch ein gut dressierter Löwe oder Tiger plötzlich einmal zubeißen kann!

der Donner

Donner kann wie ein fernes Grollen klingen oder wie ein plötzlicher Knall – je nachdem, wie weit das Gewitter entfernt ist und woher der Wind weht. Das Donnergeräusch entsteht, wenn ein Blitz die Luft erhitzt.

D

der Drache
Drachen sind Feuer spuckende Ungeheuer, die in Märchen und Sagen vorkommen. Oft gelten sie als gefährlich und müssen von einem Helden besiegt werden. Es gibt aber auch Geschichten von Drachen, die Glück bringen.

der Drachen
Dieses Fluggerät lässt man an einer Schnur in die Luft steigen. Es gibt auch Lenkdrachen, bei denen man mit zwei Leinen die Flugrichtung steuern kann.

die Drogerie
In diesem Geschäft kannst du alles kaufen, was du für die Körperpflege brauchst – zum Beispiel Zahnpasta, Seife und Haarshampoo.

das Dromedar
Dieses Kamel hat einen Höcker auf dem Rücken. In Afrika und Asien werden Dromedare als Reit- und Lasttiere genutzt. Sie sind sehr genügsam und kommen mit wenig Futter und Wasser aus.

der Drucker
Dieser Begriff hat mehrere Bedeutungen:
1. Wer von Beruf Drucker ist, arbeitet in einer Druckerei. Dort werden Zeitungen, Bücher und Geschäftspapiere gedruckt.
2. Ein Drucker ist auch ein Gerät, mit dem du Computerdateien oder Seiten aus dem Internet ausdrucken kannst. Es gibt verschiedene Druckertypen, zum Beispiel Laserdrucker und Tintenstrahldrucker.

die Düne

Dünen sind riesige Sandhügel, die der Wind an der Meeresküste oder in Wüsten aufgetürmt hat.

der Dschungel

In diesem tropischen Urwald leben Schlangen, Affen, Papageien und Krokodile. Für Menschen ist es hier ziemlich ungemütlich – nicht nur wegen der wilden Tiere, sondern auch weil es im Dschungel sehr heiß und feucht ist.

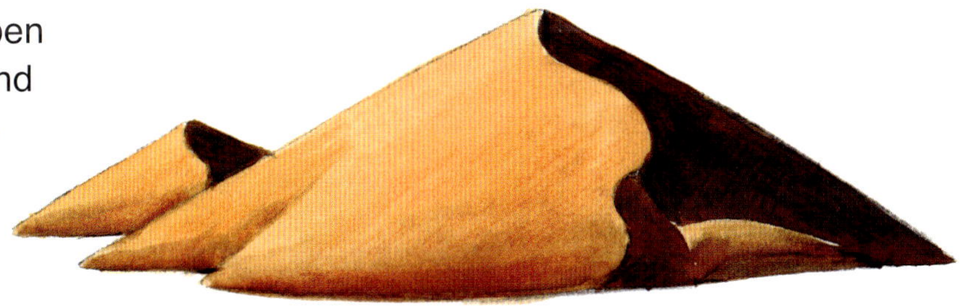

der Dünger

Dünger versorgen Pflanzen mit Nährstoffen, die sie zum Wachsen brauchen. Es gibt natürliche Dünger, zum Beispiel aus Tiermist, und Kunstdünger aus der Fabrik.

der Dudelsack

Dieses alte Blasinstrument besteht aus einem Luftsack mit mehreren Pfeifen. Die Töne klingen laut und durchdringend. Der Dudelsack ist vor allem in Schottland beliebt.

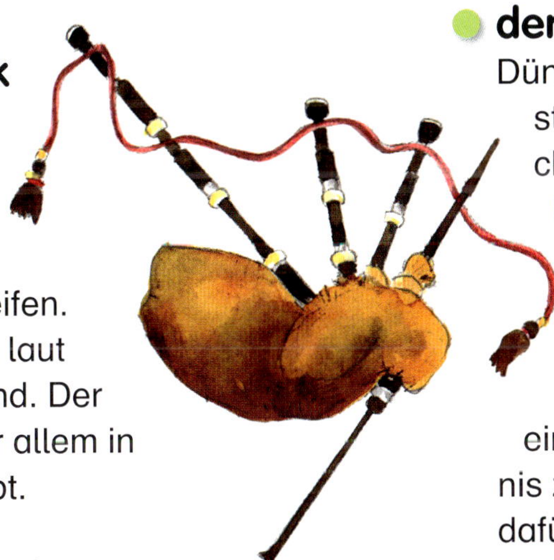

der Durst

Wenn du Durst hast, bekommst du einen trockenen Mund und das Bedürfnis zu trinken. So sorgt dein Körper dafür, dass du genug Flüssigkeit zu dir nimmst.

die DVD

Eine DVD ist ein Datenträger, auf dem man Dateien und Filme speichern kann. Die Abkürzung DVD steht für „Digital Video Disc“, das bedeutet „digitale Video-Scheibe“.

E

die Ebbe

Bei Ebbe sinkt der Wasserspiegel des Meeres. Dabei zieht sich das Wasser von der Küste zurück, sodass ein Teil des Meeresbodens trocken liegt. Nach einigen Stunden setzt die Flut ein, und das Wasser steigt wieder an.

die Eiche

Diesen Laubbaum erkennst du an der dicken, rissigen Rinde und den Eicheln, die im Herbst herunterfallen. Manche Eichen können so hoch wie ein zehnstöckiges Gebäude und mehrere hundert Jahre alt werden.

das Echo

Wenn du in einem leeren Zimmer, einer großen Kirche oder im Gebirge laut rufst, hörst du den Widerhall deiner eigenen Stimme. Das ist das Echo. Es entsteht, weil große Flächen die Geräusche zurückwerfen.

der Eichelhäher

Dieser Singvogel frisst nicht nur Eicheln, sondern auch Bucheckern, Nüsse und Esskastanien. Seine schwarz-weiß-blau gemusterten Flügel sind besonders auffällig.

das Ei

Vogelbabys wachsen in Eiern heran, die von der Vogelmutter in ein Nest gelegt werden. Die Vogelmama brütet die befruchteten Eier aus, bis die Vogelkinder schlüpfen. Die Eier, die wir gekocht oder als Spiegeleier essen, stammen meist von Hühnern. Aber auch Fische und Kriechtiere, zum Beispiel Schildkröten und Krokodile, legen Eier.

das Eichhörnchen

Mit seinen Knopfaugen und dem buschigen Schwanz sieht dieses Nagetier einfach zum Knuddeln aus. Doch Eichhörnchen sind sehr scheu und lassen sich überhaupt nicht streicheln. Sie können sehr gut klettern und weit springen.

die Eidechse

Eidechsen sind Kriechtiere mit schmalem Körper und langem Schwanz. Am wohlsten fühlen sie sich an trockenen, warmen Plätzen.

der Eisbär

Er hat eine dicke Speckschicht und dichtes, cremeweißes Fell. Eisbären leben am Nordpol, schwimmen gerne im eiskalten Wasser und ernähren sich von Fischen und Robben.

das Einrad

Bei diesem Fahrrad befindet sich der Sattel über dem Rad. Auch die Pedalkurbeln sind direkt am Rad befestigt. Zum Einradfahren brauchst du ein gutes Gleichgewichtsgefühl.

das Eis

Wenn Wasser sehr kalt wird, gefriert es zu Eis. Der sogenannte Gefrierpunkt für Wasser liegt bei null Grad Celsius. Bei Temperaturen unter null Grad kommt es im Winter oft zu Glatteis, und es bilden sich Eiszapfen. Aber auch zum Sommer gehört Eis – nämlich Speiseeis in vielen köstlichen Geschmacksrichtungen! Du bekommst es in der Eisdiele, am Kiosk oder im Supermarkt.

der Eisberg

So nennt man ein riesiges Eisstück, das von den Eismassen am Nordpol oder Südpol abgebrochen ist und im Meer schwimmt. Schiffe können beim Zusammenstoß mit einem Eisberg stark beschädigt werden und sogar untergehen.

der Eisbergsalat

Dieser Salat hat knackige, hellgrüne Blätter. Sein Name hat nichts mit den Eisbergen im Meer zu tun. Der Salat heißt so, weil er früher mit großen Eisstücken gekühlt wurde.

E

der Elefant

Ein ausgewachsener Elefant ist so schwer wie 30 bis 50 erwachsene Menschen. Mit seinem Rüssel kann er trinken und Früchte von hohen Bäumen pflücken. Die langen Stoßzähne sehen zwar gefährlich aus, doch Elefanten sind Pflanzenfresser. Sie leben in Afrika und Asien.

das Elektroauto

Elektroautos werden mit Strom aus Batterien angetrieben. Bei manchen Elektrofahrzeugen wandeln Solarzellen das Sonnenlicht in Energie um. Andere werden an der Steckdose aufgeladen.

die Elfe

Elfen sind Naturgeister, die in vielen Märchen und Sagen vorkommen. Meist gelten sie als freundlich und hilfsbereit.

die E-Mail

Diese Abkürzung steht für „Electronic Mail“, das bedeutet „Elektronischer Brief“. Wenn du einen Computer mit Internetzugang hast, kannst du per Knopfdruck E-Mails verschicken und empfangen. Meist dauert es nur wenige Sekunden, bis der elektronische Brief beim Empfänger ankommt.

der Emu

Dieser Laufvogel kann so groß werden wie ein erwachsener Mensch. Emus haben lange Beine und zottelige, graubraune Federn. Sie leben in Australien und können blitzschnell laufen.

der Endiviensalat

Dieser grüne Salat schmeckt leicht bitter. Meist werden seine länglichen Blätter in schmale Streifen geschnitten.

der Engel

Manche Leute sind fest davon überzeugt, dass es Engel gibt – zum Beispiel Schutzengel und solche, die zwischen Gott und den Menschen vermitteln. Andere glauben nicht an Engel. Auf vielen alten Gemälden sind Engel als geflügelte Wesen dargestellt, die Botschaften von Gott überbringen.

die Ente

Enten sind Wasservögel, die hervorragend schwimmen können. Bei uns sind die Stockenten am häufigsten. Die Weibchen haben graubraune Federn. Bei den Männchen (Erpeln) ist die Brust rotbraun und der Kopf grün gefärbt.

der Eoraptor

Dieser kleine Dinosaurier lebte vor mehr als 200 Millionen Jahren. Er lief auf zwei Beinen und war ungefähr so groß wie ein Hund.

die Erbse

Erbsen sind kleine, grüne Hülsenfrüchte. Sie schmecken zum Beispiel als Gemüsebeilage oder in Suppen und Eintöpfen.

das Erdbeben

Bei einem Erdbeben wird die Erdoberfläche durch Bewegungen der Erdkruste erschüttert. Starke Beben können ganze Häuser zum Einstürzen bringen. Es gibt aber auch leichte Erdbeben, bei denen nur die Gläser im Geschirrschrank ein bisschen klirren.

die Erdbeere

Erdbeeren wachsen im Wald, aber auch in vielen Gärten und auf Erdbeerfeldern. Sie schmecken frisch gepflückt, auf Kuchen und als Marmelade.

E

die Erde
Die Erde, auf der wir leben, ist nur einer von vielen Planeten im Weltall. Sie kreist um die Sonne und braucht für eine Sonnenumrundung 365 Tage, also ein Jahr. Außerdem dreht sie sich in 24 Stunden einmal um ihre eigene Achse. Dadurch entstehen Tag und Nacht.

die Erdnuss
Sie heißt so, weil sich die Stiele der Erdnusspflanze in die Erde bohren. Dort reifen die Früchte heran. Erdnüsse wachsen in heißen Ländern und können roh oder geröstet gegessen werden. Sie sind aber keine echten Nüsse, sondern zählen zu den Hülsenfrüchten.

die Erkältung
Husten, Schnupfen und Halsweh sind Anzeichen einer Erkältung. Manchmal kommen noch Fieber und Ohrenschmerzen dazu. Wenn du erkältet bist, legst du dich am besten für ein paar Tage ins Bett – dann wirst du schnell wieder gesund!

die Ernte
Sobald eine Getreide-, Gemüse- oder Obstsorte reif ist, kann die Ernte beginnen. Für die Getreideernte benutzt der Landwirt einen Mähdrescher, der die Körner vom Stroh trennt. Auch viele Gemüsesorten werden mit großen Maschinen vom Feld geholt. Bei der Obsternte pflückt man die Früchte meist von Hand.

die Erste Hilfe
Wenn jemand gestürzt ist oder sich verletzt hat, leistet man Erste Hilfe, indem man zum Beispiel Wunden versorgt und Verbände anlegt. Die wichtigsten Erste-Hilfe-Maßnahmen kann man in Kursen lernen.

der Esel
Einen Esel erkennst du an seinen langen Ohren und der lauten Stimme, mit der er durchdringend „Iah“ ruft. Esel sind mit den Pferden verwandt und leben vor allem in warmen Ländern.

der Eskimo

Zu den Eskimos gehören verschiedene Volksgruppen in der Nähe des Nordpols. Früher haben sie in Iglus gelebt und Fischfang und Robbenjagd betrieben. Heute arbeiten viele Eskimos in Fabriken. Sie selbst nennen sich „Inuit“. Den Namen „Eskimo“ mögen sie nicht. Er bedeutet „Fleischesser“.

Estland

In diesem nordeuropäischen Land gibt es riesige Wälder, in denen Bären und Wölfe leben. Zu Estland gehören auch viele Ostsee-Inseln. Die Hauptstadt ist Tallinn.

der Estragon

Diese Gewürzpflanze wächst in vielen Gärten, aber auch in der freien Natur. Mit Estragon würzt man zum Beispiel Geflügel- und Fischgerichte.

der Eukalyptusbaum

Mit einer Höhe von mehr als 100 Metern zählt der Riesen-Eukalyptus zu den größten Bäumen der Erde. Es gibt aber auch kleinere Eukalyptusarten. Eukalyptusbäume haben dicke, ledrige Blätter und wachsen in Australien und Indonesien.

die Eule

Dieser große Raubvogel ist vor allem nachts unterwegs. Eulen können ihre Köpfe fast rundherum drehen und sehen mit ihren Kulleraugen oft ein bisschen unheimlich aus.

Europa

In diesem Erdteil gibt es nicht nur viel Wald und hohe Berge, sondern auch sehr viele Menschen. Zu Europa gehören mehr als 40 Länder, darunter auch Deutschland, Österreich und die Schweiz.

die Europäische Union

In der Europäischen Union (EU) haben sich viele europäische Länder zusammengeschlossen. Der Staatenbund setzt sich für gemeinsame politische und wirtschaftliche Ziele ein.

F

das Fagott
Dieses Blasinstrument besteht aus zwei eng zusammengebundenen Holzröhren. Es ist ungefähr viermal so lang wie eine Blockflöte und hat einen tiefen, warmen Klang.

die Fähre
So nennt man ein Schiff, das Platz für Autos oder ganze Eisenbahnzüge bietet. Große Fähren haben oft auch Gaststätten und Geschäfte an Bord, die man während der Überfahrt besuchen kann.

das Fahrrad
Ein Fahrrad hat zwei Räder und einen Sattel für den Fahrer. Wenn man in die Pedale tritt, drehen sich die Räder. Zum Fahrradfahren braucht man ein gutes Gleichgewichtsgefühl. Am Anfang sind Stützräder hilfreich, die links und rechts vom Hinterrad angebracht werden. Sie sorgen dafür, dass das Fahrrad nicht umfallen kann.

der Falke
Mit seinen scharfen Augen kann dieser Greifvogel seine Beute aus der Luft erspähen. Entdeckt der Falke ein Beutetier, wie zum Beispiel eine Maus, schießt er blitzschnell herab und packt es.

der Fallschirm
Mit einem Fallschirm kann man aus einem Flugzeug springen, ohne sich zu verletzen. Der Schirm bremst die Fallgeschwindigkeit, sodass man weich auf dem Boden landet.

der Fasching
An Fasching verkleiden sich die Leute und ziehen durch die Straßen. In manchen Gegenden heißt der Fasching auch Karneval oder Fastnacht.

die Fastenzeit
Die Fastenzeit beginnt sieben Wochen vor Ostern und endet am Karsamstag. Viele Christen essen in dieser Zeit kein Fleisch und verzichten auf Genussmittel wie Alkohol. Dabei denken sie an Jesus Christus.

das Faultier

Faultiere hängen fast ihr ganzes Leben lang mit dem Rücken nach unten an einem Ast. Wenn sie nicht gerade essen, dann schlafen sie – daher auch der Name. Faultiere sind ungefähr so groß wie Katzen und leben in Mittel- und Südamerika.

das Faxgerät

Mit einem Faxgerät kann man Briefe verschicken und empfangen. Dazu legst du einen Brief in das Gerät und wählst eine Faxnummer. Das Faxgerät des Empfängers druckt dann schon wenige Sekunden später eine Kopie des Briefes aus.

die Feder

Federn schützen die Haut der Vögel vor Kälte und Nässe. Bei kleinen Küken sind die Federn weich und flauschig. Erwachsene Vögel haben glatte Federn, die oft prächtig gefärbt sind.

die Fee

Dieses zauberhafte Fabelwesen kommt in vielen Sagen und Märchen vor. Oft haben Feen übernatürliche Kräfte und können Wünsche erfüllen.

die Feige

Diese Frucht wächst in warmen Ländern und hat eine grüne oder lilafarbene Schale. Sie ist ungefähr so groß wie eine Kinderfaust und schmeckt frisch oder als Trockenfrucht.

der Feldsalat

Früher wuchs Feldsalat als wildes Kraut an vielen Wegrändern. Weil er so gut schmeckt, wird er heute auf Feldern und in Gewächshäusern angebaut.

F

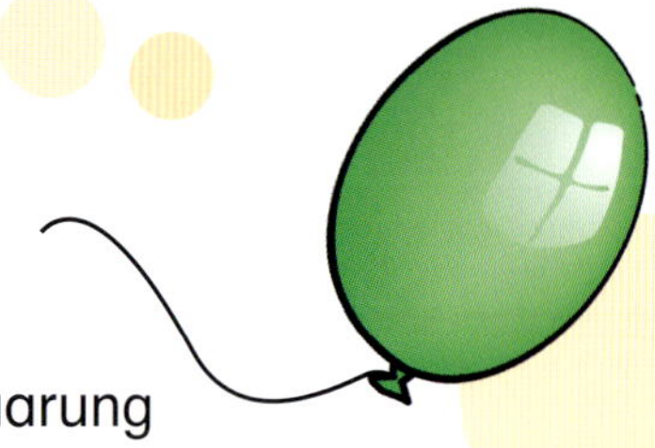

das Fell
So nennt man die Körperbehaarung von Tieren. Das Fell schützt nicht nur vor Nässe und Kälte, sondern dient durch seine Farbe oft auch der Tarnung. Viele Tiere wechseln ihr Fell mit den Jahreszeiten: Sie tragen im Sommer dünnes und im Winter dickes Fell.

der Fenchel
Dieses Gemüse wird oft zu Fisch und Fleisch gegessen. Aus Fenchelsamen kann man Tee herstellen, der gegen Bauchschmerzen hilft.

das Ferkel
So heißen Schweine-Babys in den ersten Lebensmonaten.

das Fernglas
Wenn du durch ein Fernglas blickst, erscheinen die Dinge stark vergrößert. Deshalb kannst du mit einem Fernglas auch weit entfernte Gegenstände sehen. Es gibt auch große Fernrohre, mit denen man die Sterne beobachten kann.

der Fernseher
Mit einem Fernsehgerät kannst du Fernsehsendungen ansehen. Sie werden von verschiedenen Sendern ausgestrahlt und können über Antennen oder Kabel empfangen werden.

das Feuer
Ein Feuer entsteht, wenn Gegenstände verbrennen. Mit Brennstoffen wie Holz, Kohle oder Erdgas kann man Wohnungen beheizen und Warmwasser erzeugen. Aber Feuer kann auch zerstörerisch sein – zum Beispiel wenn Häuser oder ganze Wälder abbrennen.

die Feuerwehr
Sie bekämpft Brände und hilft, wenn jemand verunglückt ist. Die Feuerwehrleute benutzen besondere Fahrzeuge und Geräte, um Menschen aus brennenden Häusern zu retten und Feuer zu löschen.

das Feuerwerk
Mit einem Feuerwerk feiert man besondere Anlässe, zum Beispiel an Silvester den Beginn des neuen Jahres. Dabei zündet man Knallkörper und schießt leuchtende Raketen in die Luft.

die Fichte
Dieser weit verbreitete Nadelbaum hat einen schmalen, hohen Stamm. Die Zweige werden von unten nach oben immer kürzer, sodass die Baumkrone oben spitz zuläuft. Die Fichtenzapfen sind ungefähr so lang wie die Hand eines Erwachsenen.

das Fieber
Wenn du krank bist, bekommst du manchmal auch Fieber. Dann steigt die Körpertemperatur über 37,5 Grad Celsius, und dir ist abwechselnd heiß und kalt. Meist klingt das Fieber nach einigen Tagen wieder ab.

der Film
Mit einer Videokamera kannst du bewegte Bilder und Geräusche aufnehmen. Wenn der Film fertig ist, spielst du ihn am Computer ab oder wirfst ihn mit einem Projektor auf eine Leinwand. Auch im Kino werden große Projektoren eingesetzt.

Finnland
In diesem nordeuropäischen Land dauert der Winter sehr lange und ist oft bitter kalt. In Finnland leben nur wenige Menschen. Die Hauptstadt ist Helsinki.

die Firmung
Bei der Firmung bestätigen die Jugendlichen in der katholischen Kirche, dass sie an Gott glauben. Dabei werden die Firmlinge mit einem geweihten Öl, dem Chrisam, gesalbt.

der Fisch
Fische leben im Wasser. Bei den meisten Fischen ist die Haut mit vielen kleinen Schuppen bedeckt. Mit ihren Atmungsorganen, den Kiemen, können sie Sauerstoff aus dem Wasser filtern.

F

das Fjordpferd

Diese Pferderasse kommt aus Norwegen. Fjordpferde sind mittelgroß und kräftig. Sie haben cremefarbenes Fell und eine schwarz-weiße Mähne.

der Flachs

Aus dieser Pflanze gewinnt man Flachsfasern, die zu Leinenstoff verarbeitet werden. Außerdem liefert Flachs hochwertiges Öl und Leinsamen, die man essen kann.

der Flamingo

Dieser Vogel hat lange, dünne Beine und einen langen Hals. Mit seinem großen, gebogenen Schnabel fischt er kleine Krebse und Algen aus dem Wasser. Flamingos haben weiße oder rosafarbene Federn und leben hauptsächlich an Salzseen.

die Fledermaus

Fledermäuse sind Säugetiere mit Flügeln. Sie fliegen vor allem nachts umher. Tagsüber falten sie ihre Flügel um den Körper und hängen sich mit dem Kopf nach unten an einen Balken oder Felsvorsprung. Die meisten Fledermäuse ernähren sich von Insekten. Es gibt aber auch Arten, die das Blut von anderen Tieren saugen. Diese Fledermäuse nennt man Vampire.

das Fleisch

Fleisch ist ein wichtiges Lebensmittel. Bei uns wird vor allem das Fleisch von Rindern, Schweinen und Hühnern verzehrt. In anderen Ländern essen die Menschen lieber Lamm- oder Pferdefleisch.

der Flieder

Einen Fliederstrauch erkennst du im Frühsommer an seinem herrlichen Duft. Die Blüten sind weiß, blau oder lilafarben. Flieder wächst in vielen Gärten, aber auch wild in der Natur.

die Fliege

Dieses Insekt gibt es überall auf der Welt. Die kleinsten Fliegen kann man mit bloßem Auge kaum sehen, die größten sind so lang wie der Daumen eines Erwachsenen. Viele Fliegen übertragen Krankheiten.

der Floh

Dieses winzige Insekt saugt mit seinem Rüssel das Blut von Tieren und Menschen. Flohstiche jucken und sind oft daran zu erkennen, dass mehrere Stiche in einer Linie nebeneinander liegen.

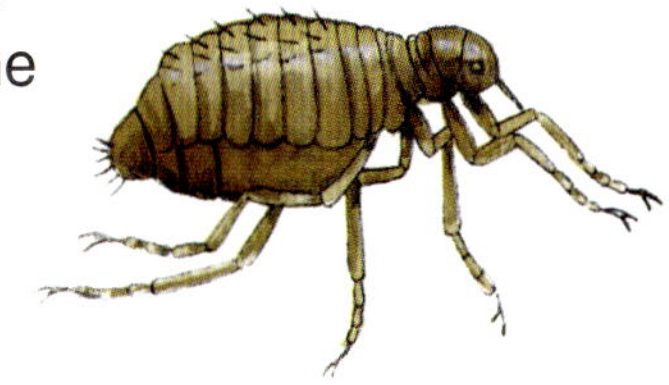

der Fliegenpilz

Dieser Giftpilz wächst im Wald. Er hat einen roten Hut mit weißen Punkten. Man darf ihn auf keinen Fall essen, da er sehr giftig ist.

das Floß

Ein Floß besteht aus zusammengebundenen Holzstämmen, die auf dem Wasser schwimmen. Frisch gefällte Bäume werden oft als Flöße über Flüsse oder Seen befördert.

die Flosse

Die meisten Fische haben sieben Flossen: je zwei an Brust und Bauch, eine auf dem Rücken sowie eine Schwanz- und eine Afterflosse. Mit den Flossen steuern Fische ihre Bewegungen.

das Fließband

Fließbänder werden elektronisch betrieben und befördern Gegenstände. Man benutzt sie in Fabriken, in denen jeder Arbeiter ein bestimmtes Teil an einer Ware befestigen muss. Das Fließband bringt die Ware dann während der Herstellung von einem Arbeiter zum nächsten.

die Flöte

Dieses Blasinstrument gibt es in vielen verschiedenen Ausführungen, zum Beispiel als Blockflöte und Querflöte.

F

der Flügel
Dieses Wort hat mehrere Bedeutungen: 1. Vögel und Insekten benutzen ihre Flügel zum Fliegen. 2. Ein Flügel ist auch ein besonderes Klavier, das die Form eines Flügels hat.

das Flugzeug
Flugzeuge werden durch große Tragflächen in der Luft gehalten. Die meisten Flugzeuge haben einen Motorantrieb. Es gibt aber auch Segelflugzeuge ohne Motor, die von den Luftströmen getragen werden.

die Flut
Bei Flut steigt der Wasserspiegel des Meeres an. Dadurch bedeckt das Wasser auch die Küstenbereiche, die bei Ebbe trocken waren. Nach einigen Stunden setzt die nächste Ebbe ein, und der Wasserspiegel sinkt wieder ab.

die Flutwelle
Wenn der Wasserstand im Meer plötzlich stark ansteigt, spricht man von einer Flutwelle. Dabei türmt sich das Wasser viele Meter hoch auf und überflutet ganze Küstengebiete. Flutwellen können durch Seebeben, Vulkanausbrüche und starke Stürme ausgelöst werden.

das Fohlen
Ein Fohlen ist ein Pferdekind im ersten Lebensjahr. Auch die Jungen von Eseln, Zebras und Kamelen heißen Fohlen.

die Forelle
Die Bachforelle ist ein kleiner Raubfisch, der sich in kühlen Flüssen am wohlsten fühlt. Es gibt auch Forellenarten, die in Seen oder im Meer leben. Forellen sind beliebte Speisefische.

der Förster
Ein Förster ist für die Pflege des Waldes zuständig. Er kümmert sich auch um die Wildtiere und die Waldwege.

der Fotoapparat
Mit einem Fotoapparat kann man Fotos machen. In manche Apparate muss man einen Film einlegen. Andere speichern die Aufnahmen auf einem Datenträger. In Fotogeschäften oder Drogeriemärkten kann man Abzüge von den Aufnahmen machen lassen.

Frankreich
Dieses westeuropäische Land grenzt an den atlantischen Ozean und ans Mittelmeer. Zu Frankreich gehört auch die Mittelmeerinsel Korsika. Die französische Hauptstadt ist Paris.

das Friesenpferd
Mit seinem schwarzen Fell und der wallenden Mähne sieht das Friesenpferd imposant aus. Es kommt aus den Niederlanden und eignet sich zum Reiten genauso gut wie zum Kutschefahren.

der Frosch
Frösche wachsen als Kaulquappen im Wasser heran. Wenn sie erwachsen sind, fühlen sie sich im Wasser und an Land wohl. Die meisten Frösche können gut klettern und springen.

der Frost
Wenn die Temperatur unter null Grad Celsius sinkt, herrscht Frost. Dann gefriert das Wasser zu Eis, und manche Gartenpflanzen können erfrieren.

der Frühling
Diese Jahreszeit folgt auf den Winter. Im Frühling wird es draußen allmählich wärmer, und die Pflanzen beginnen zu blühen.

der Fuchs
Einen Fuchs erkennst du an seinem rotbraunen Fell und dem buschigen Schwanz. Er lebt im Wald in einem unterirdischen Bau. Weil er Krankheiten übertragen kann, solltest du einen Fuchs besser nicht berühren.

G

die Galeere

Eine Galeere ist ein großes Ruderschiff, das früher bei Seeschlachten eingesetzt wurde. Vorne am Bug befindet sich ein Rammsporn, der gegnerische Schiffe beschädigen konnte.

das Gänseblümchen

Diese kleine Blume wächst auf vielen Wiesen. Das gelbe Blütenköpfchen ist von schmalen, weißen Blütenblättern eingerahmt. Man kann die Blüten auch essen, zum Beispiel im Salat oder in der Suppe.

die Gämse

Gämsen leben im Gebirge. Sie können so gut klettern und springen, dass sie auch steile Abgründe und tiefe Felsspalten überwinden. Gämsen tragen zwei Hörner auf dem Kopf und haben rotbraunes Fell.

das Gebirge

So nennt man eine Gegend mit vielen Bergen und Tälern. In Deutschland zählen die bayerischen Alpen, das Erzgebirge und der Harz zu den bekanntesten Gebirgen.

die Gans

Dieser große Vogel kann sehr gut schwimmen und weite Strecken fliegen. Es gibt viele verschiedene Gänsearten. Manche leben wild in der Natur, andere werden von den Menschen gezüchtet.

die Geburt

Bei einer Geburt kommt ein Baby auf die Welt. Die Babys von Menschen und vielen Tieren wachsen zunächst im Bauch ihrer Mutter heran. Nach einiger Zeit sind sie groß genug, um außerhalb von Mamas Bauch leben zu können. Dann wird das Baby geboren, indem die Mutter es durch die Scheide herauspresst.

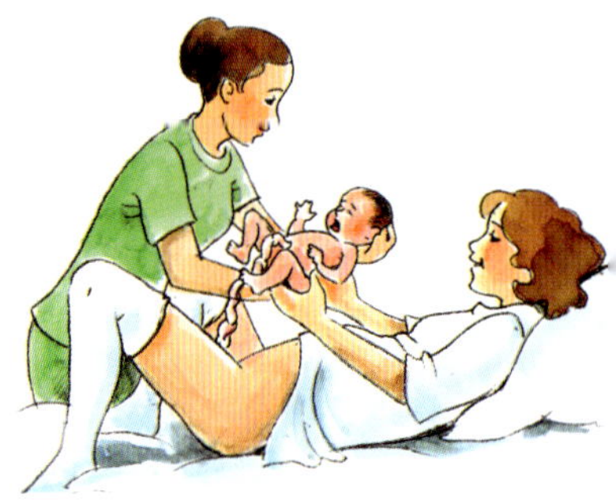

das Gedicht
In einem Gedicht sind die Worte kunstvoll angeordnet. Manchmal reimen sich die Verse, manchmal wählt der Dichter auch eine besondere Sprachform. Bestimmt kennst du einige Gedichte aus Kinderliedern, zum Beispiel „Der Mond ist aufgegangen“.

die Geige
Dieses Instrument spielt man, indem man mit einem Bogen über die Saiten streicht. Es ist gar nicht so einfach, einer Geige klare Töne zu entlocken. Es gibt Geigen in unterschiedlichen Größen, darunter auch solche für Kinder.

das Gehirn
Du brauchst dein Gehirn nicht nur zum Denken. Auch die Sinneseindrücke werden hier verarbeitet – also alles, was du siehst, hörst, riechst, schmeckst und tastest. Außerdem steuert das Gehirn viele Körperfunktionen.

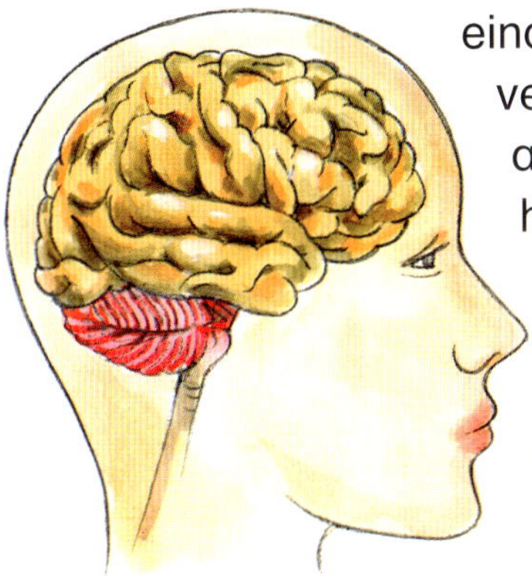

das Gemälde
Ein Gemälde ist ein Bild, das auf Papier, Leinwand oder Holz gemalt wurde.

das Gemüse
Gemüsepflanzen haben essbare Blätter, Knollen, Früchte oder Wurzeln. Zu den beliebtesten Arten zählen Kohl, Möhren, Tomaten, Gurken und Paprika. Gemüse ist für Menschen sehr gesund.

der Geier
Dieser große Greifvogel frisst am liebsten tote Tiere. Deshalb ekeln sich manche Menschen vor ihm. Der Geier erfüllt jedoch eine wichtige Aufgabe, denn er hält die Natur sauber.

der Gepard
Diese Raubkatze lebt in Afrika. Geparde haben hellbraunes Fell mit schwarzen Tupfen. Sie können blitzschnell laufen und auf kurzen Strecken Geschwindigkeiten von 120 km/h erreichen.

G

die Geranie
Geranien sind beliebte Balkon- und Gartenpflanzen. Sie heißen auch Pelargonien und blühen in den verschiedensten Farben.

die Gerste
Dieses Getreide wächst fast überall auf der Welt. Gerste wird hauptsächlich als Tierfutter und zur Herstellung von Bier verwendet.

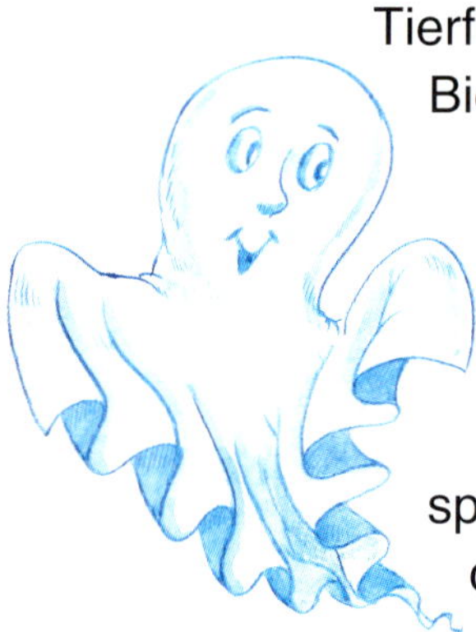

das Gespenst
Es gibt viele Geschichten von Gespenstern, die nachts in Schlössern und Burgruinen spuken. Aber keine Sorge: Falls du einmal irgendwo ein Gespenst vermutest, mach einfach das Licht an. Wetten, dass weit und breit kein Gespenst zu sehen ist?

das Getreide
Getreide zählt zu den wichtigsten Nahrungsmitteln. Es gibt viele verschiedene Sorten, zum Beispiel Hafer, Mais, Reis und Weizen. Manche werden gekocht, andere gemahlen und zu Brot, Kuchen oder Nudeln verarbeitet.

das Gewächshaus
In einem Gewächshaus kann man das ganze Jahr über Obst, Gemüse und Blumen anbauen. Das Dach und die Wände bestehen aus Glas, sodass die Pflanzen viel Sonnenlicht und Wärme abbekommen. Manche Gewächshäuser werden zusätzlich geheizt und künstlich beleuchtet.

das Geweih
Manche Tiere, zum Beispiel Hirsche und Rentiere, tragen ein Geweih auf dem Kopf. Es besteht aus verzweigten Knochen und wird bei Kämpfen eingesetzt. Einmal im Jahr wird das Geweih abgeworfen und neu gebildet. Wenn die Tiere älter werden, verändert das Geweih seine Form und Größe.

das Gewicht
Alle Lebewesen und Gegenstände auf der Erde haben ein Gewicht. Je schwerer jemand ist, desto höher ist sein Gewicht. Wie viel ein Mensch wiegt, hängt von seiner Größe, dem Körperbau, dem Fettgewebe und der Muskelmasse ab.

das Gewitter

Bei einem Gewitter brauen sich dunkle Wolken am Himmel zusammen. Es blitzt und donnert und beginnt plötzlich zu regnen, zu hageln oder zu schneien. Gewitter entstehen durch elektrische Spannungen in der Luft.

das Gewürz

Es gibt viele Gewürzpflanzen, die ganz unterschiedlich schmecken. So verwendet man Pfeffer, Paprika und Muskatnuss für salzige Speisen, während Vanille und Zimt besser zu süßen Gerichten passen.

das Gift

Viele Pflanzen und Tiere sind giftig, zum Beispiel Fliegenpilze oder Giftschlangen. Wenn Gift in den menschlichen Körper gelangt, wird man krank. Einige Gifte wirken sogar tödlich. Auch viele Dinge unseres täglichen Lebens enthalten giftige Stoffe, beispielsweise manche Putzmittel und Klebstoffe.

der Gigantosaurus

Dieser riesige Dinosaurier lebte vor ungefähr 100 Millionen Jahren. Er war so lang wie ein großer Lkw und ernährte sich von anderen Tieren.

der Gips

Dieser Werkstoff wird als Baumaterial, in der Landwirtschaft und in der Medizin verwendet. Wenn sich jemand den Arm bricht, wird der gebrochene Knochen mit einem Gipsverband ruhig gestellt.

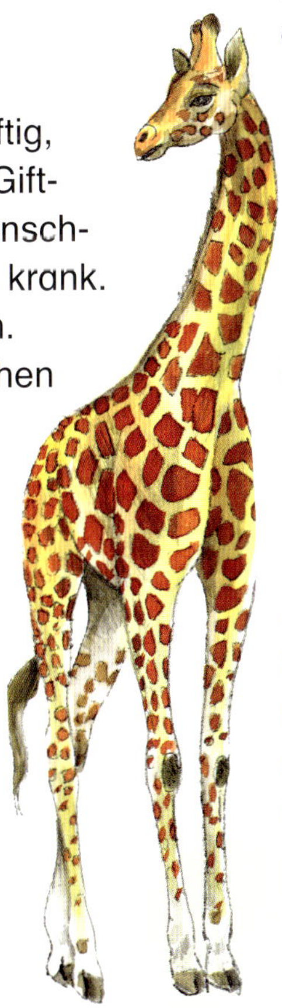

die Giraffe

Das Auffälligste an der Giraffe ist ihr Hals. Er ist so lang, dass sie Blätter und Zweige von hohen Bäumen fressen kann. Giraffen leben in Afrika.

die Gitarre

Dieses Instrument hat sechs Saiten. Die Töne entstehen, wenn man an den Saiten zupft oder sie mit den Fingern anschlägt. Es gibt auch Elektrogitarren, bei denen die Töne elektrisch verstärkt werden.

G

das Glas
Fensterscheiben, Trinkgläser, Spiegel und viele andere Gegenstände bestehen aus Glas. Dieser Werkstoff ist hart und glatt, zerbricht aber leicht.

der Gletscher
Gletscher sind riesige Eisflächen. Sie kommen im Gebirge und an den Erdpolen vor, wo Schnee und Eis nicht schmelzen.

der Globus

Das Wort Globus bedeutet „Kugel". Wenn jemand von einem Globus spricht, meint er damit entweder unsere Erde oder eine Nachbildung der Erde. Eine solche nachgebildete Erdkugel zeigt stark verkleinert, wo die verschiedenen Länder und Gewässer auf der echten Erde liegen.

die Glockenblume

Diese Blume heißt so, weil ihre Blüten die Form von kleinen Glocken haben. Meist sind die Blüten blau. Glockenblumen wachsen in vielen Gärten.

das Glockenspiel
Dieses Wort hat mehrere Bedeutungen: 1. Ein Glockenspiel ist ein Musikinstrument, das aus einer Reihe von Metallplättchen besteht. Wenn man mit einem Schlegel auf die Plättchen klopft, erklingen unterschiedliche Töne. 2. Auch an Türmen von Rathäusern oder anderen Gebäuden gibt es Glockenspiele. Sie spielen jeden Tag zur gleichen Zeit eine bestimmte Melodie. Oft bewegen sich gleichzeitig kleine Figuren.

die Glühlampe
Glühlampen erzeugen elektrisches Licht. Es gibt Glühlampen mit Schraubgewinde und solche zum Anklemmen. Besonders umweltfreundlich sind Energiesparlampen, die nur sehr wenig Strom verbrauchen.

das Glühwürmchen

Wenn es im Sommer draußen dunkel wird, fliegen manchmal leuchtende Insekten durch die Luft. Diese Glühwürmchen oder Leuchtkäfer benutzen ihre Leuchtorgane zur Verständigung. Meist leuchten sie gelb oder grünlich.

die Gondel

Dieses Wort hat mehrere Bedeutungen:
1. Eine Gondel ist ein langes, schmales Schiff mit geschwungenen Enden.
2. Auch die Fahrkabinen von Seilbahnen bezeichnet man als Gondeln.

das Gold

Dieses Edelmetall ist sehr selten und kostbar. Aus Gold kann man Schmuck und Münzen herstellen.

der Golden Retriever

Dieser mittelgroße Hund hat cremefarbenes Fell, das oft golden schimmert. Golden Retriever sind sehr freundlich und lernwillig.

der Gong

Dieses Musikinstrument besteht aus einer runden Metallscheibe. Wenn man es mit einem Schlegel anschlägt, erklingt ein lang anhaltender Ton. Auch elektronische Signaltöne, zum Beispiel in Schulen oder Bahnhöfen, bezeichnet man als Gongs.

der Goldfisch

Mit seinen goldfarbenen Schuppen schmückt dieser Fisch viele Gartenteiche und Aquarien. Es gibt winzig kleine Goldfische und solche, die länger sind als ein großes Schulheft.

der Gorilla

Gorillas sind große Affen, die in Afrika leben. Sie fressen vor allem Blätter und bewegen sich meist auf allen vieren vorwärts. Wenn sich ein Gorilla aufrichtet, ist er ungefähr so groß wie ein erwachsener Mann. Die Gorillas gehören zu den Menschenaffen und haben viele Gemeinsamkeiten mit uns.

G

der Gott
Viele Menschen sind davon überzeugt, dass ein Gott die Welt erschaffen hat und dass er unsere Schicksale lenkt. In manchen Religionen glaubt man auch an mehrere Götter.

der Granatapfel
Diese Frucht wächst in warmen Ländern und sieht so ähnlich aus wie ein Apfel. Im Inneren des Granatapfels stecken viele kleine Samen, die süß und saftig schmecken.

die Grapefruit
Diese Zitrusfrucht sieht aus wie eine große Orange mit gelber Schale. Das Fruchtfleisch hat einen leicht bitteren Geschmack, die Schale kann man nicht essen.

das Gras
Auf der ganzen Welt gibt es Hunderte von Grasarten. Viele Gräser werden von Tieren gefressen, andere trocknet man und verwendet sie zur Wärmedämmung oder als Windschutz.

der Greifvogel
Greifvögel ernähren sich von kleinen Tieren, die sie mit ihren scharfen Krallen greifen. Zu den Greifvögeln zählen Adler, Falken und Habichte.

Griechenland
Dieses südeuropäische Land liegt am Mittelmeer. Zu Griechenland gehören viele Inseln, zum Beispiel Korfu und Kreta. Die griechische Hauptstadt ist Athen.

die Grille
Im Sommer hört man draußen oft die Grillen zirpen. Diese Insekten sehen so ähnlich aus wie Heuschrecken. Das zirpende Geräusch entsteht, wenn sie ihre Flügel aneinander reiben.

die Grippe
Wenn du Grippe hast, quälen dich Husten, Schnupfen und Fieber. Die Grippe ist sehr ansteckend. Es kann zwei Wochen dauern, bis die Krankheitsanzeichen wieder abklingen.

der Grizzlybär
Dieser große Bär lebt in Nordamerika. Er hat graues oder braunes Fell. Mit seinen kräftigen Pranken kann er kleinere Tiere fangen und Höhlen graben.

Grönland
Grönland ist die größte Insel der Erde. Es liegt in der Nähe des Nordpols, gehört aber zu Dänemark. Weil es dort sehr kalt ist, leben nur wenige Menschen in Grönland. Die Hauptstadt ist Godthåb.

Großbritannien
Zum Königreich Großbritannien gehören England, Wales, Schottland und ein Teil von Irland. Der Insel-Staat liegt zwischen der Nordsee und dem atlantischen Ozean. Die Hauptstadt ist London.

der Gummi
Dieser Werkstoff ist weich und dehnbar. Aus Gummi werden viele Alltagsgegenstände hergestellt, zum Beispiel Haargummis, Luftballons und Radiergummis.

die Gurke
Eine Salatgurke ist ungefähr so lang wie ein großes Lineal. Sie schmeckt frisch und knackig. Es gibt auch sauer eingelegte Gurken, die meist nur so groß sind wie ein Daumen. Man kann sie in Gläsern kaufen.

der Güterzug
Güterzüge bringen Waren von einem Ort zum anderen. Es gibt offene Güterwaggons und solche mit Dach. Weil Güterzüge oft schwer beladen sind, braucht man dafür starke Lokomotiven.

H

das Haar

Die Haare auf deinem Kopf wachsen ständig nach. Welche Haarfarbe ein Mensch hat und ob seine Haare glatt oder gelockt sind, steht schon bei der Geburt fest. Bei älteren Leuten werden die Haare meist grau. Oft fallen sie im Alter auch aus, und es entsteht eine Glatze.

der Habicht

Dieser Greifvogel hat graubraune Federn und einen gebogenen Schnabel. Er lebt im Wald und frisst hauptsächlich Vögel, die er im Flug erbeutet.

der Hafen

Ein Hafen liegt am Ufer eines Gewässers. Hier können Schiffe anlegen. Es gibt kleine Yachthäfen und riesige Handelshäfen, in denen Containerschiffe be- und entladen werden.

der Haflinger

Diese Pferderasse erkennst du leicht an der Farbe: Bei Haflingern sind Mähne und Schweif weiß, das restliche Fell ist cremefarben. Haflinger sind mittelgroß und haben ein freundliches Wesen.

die Hagebutte

Diese kleine rote Frucht kannst du im Spätherbst von Rosensträuchern pflücken. Aus Hagebutten kann man Brotaufstrich oder Tee herstellen. Aber Vorsicht – die kleinen Kerne im Inneren der Hagebutte sind nicht essbar und jucken auf der Haut!

der Hagel

In Gewitterwolken bilden sich manchmal kleine Eiskugeln, die dann als Hagel vom Himmel fallen. Meistens sind Hagelkörner etwa so groß wie Erbsen, aber sie können auch so groß wie Äpfel werden. Starker Hagel kann schlimme Schäden anrichten.

der Hahnenfuß

Diese Pflanze wächst auf vielen Wiesen und an Wegrändern. Der Hahnenfuß hat kleine gelbe Blüten und wird auch als Butterblume bezeichnet.

der Hai
Haie sind große, schlanke Fische mit einer hakenförmigen Schwanzflosse. Sie können blitzschnell durchs Wasser schießen und mit ihren scharfen Zähnen ihre Beute schnappen. Manchmal greifen Haie auch Menschen an.

der Hamburger
So nennt man ein gefülltes weiches Brötchen, das als Fertiggericht verkauft wird. Meistens sind Hamburger mit einer Frikadelle, etwas Salat und Ketchup belegt.

der Hammer
Auf dem Stiel dieses Werkzeugs sitzt ein Hammerkopf mit breiter Schlagfläche. Mit einem Hammer kann man Nägel einschlagen. Es gibt viele verschiedene Hammerformen, zum Beispiel Maurerhämmer und Schmiedehämmer.

der Hamster
Dieses kleine Nagetier kann in seinen Backentaschen Nahrung speichern. Manchmal befördern Hamster sogar ihre Jungen in den Backentaschen. Goldhamster sind beliebte Haustiere. Sie sind nah mit den Feldhamstern verwandt, die in der Natur in unterirdischen Bauen leben.

das Handy
Ein Handy ist ein tragbares Telefon. Du kannst es überallhin mitnehmen, unterwegs damit telefonieren und Textnachrichten (SMS) verschicken. Mit manchen Handys kann man auch Fotos machen oder Internetseiten aufrufen.

die Harfe
Dieses große Zupfinstrument spielt man, indem man an den Saiten zupft und gleichzeitig die Fußpedale bedient. Die Harfe hat einen unverwechselbaren, warmen Klang.

H

der Hase

Mit seinem braunen Fell kann sich der Feldhase in der Natur gut verstecken. Wenn er sich flach auf die Erde drückt, ist er fast unsichtbar. Entdeckt ihn doch einmal ein Jäger oder ein Fuchs, hoppelt der Hase blitzschnell davon. Dabei schlägt er Haken, um seinen Verfolger abzuhängen.

die Haselnuss

Diese Nuss wächst am Haselstrauch in der freien Natur. Der essbare Same steckt in einer festen Nussschale. Viele Süßigkeiten wie zum Beispiel Nougat und Krokant enthalten Haselnüsse.

die Haut

Die Haut umgibt deinen Körper wie eine schützende Hülle. In ihr liegen Nerven, mit denen du Berührungen, Wärme und Kälte spürst. Unsere Hautfarbe wird durch Vererbung bestimmt – also durch die Merkmale, die wir von unseren Eltern mitbekommen. Im heißen Afrika haben die Menschen meist dunkle Haut, die sie gut vor den Sonnenstrahlen schützt. In Europa sind die Menschen überwiegend hellhäutig, weil die Sonne hier weniger scheint.

der Hecht

Dieser große Raubfisch lebt in Flüssen und Seen. Er hat einen pfeilförmigen Körper und ernährt sich hauptsächlich von anderen Fischen.

die Heidelbeere

Wegen ihrer blauen Farbe wird diese Beere auch Blaubeere genannt. Heidelbeeren wachsen an kleinen Sträuchern im Wald. Sie schmecken leicht säuerlich.

der Heilbutt

Dieser riesige Fisch kann so lang werden wie ein kleines Auto. Er hat einen flachen Körper und lebt im Meer.

der Heißluftballon

Ein Heißluftballon besteht aus einer Ballonhülle, an der ein Korb mit einem Gasbrenner hängt. Meist passen außerdem etwa sechs Leute in den Korb. Wenn mit dem Brenner heiße Luft in die Hülle geblasen wird, steigt der Ballon auf. Im Gegensatz zu vielen anderen Fluggeräten kann man einen Heißluftballon kaum steuern, sondern muss den Wind nutzen. Man spricht deshalb von einer Ballonfahrt und nicht von einem Ballonflug.

der Hengst

So nennt man ein männliches Pferd. Auch bei Eseln und Kamelen heißen die männlichen Tiere Hengste.

der Herbst

Diese Jahreszeit liegt zwischen Sommer und Winter. Im Herbst färbt sich das Laub an den Bäumen, und das Gras hört auf zu wachsen. Draußen wird es immer kühler, und es regnet oft.

die Herde

So nennt man eine Gruppe von Tieren, die wie eine große Familie zusammenleben. Zu den Herdentieren zählen beispielsweise Hirsche und Pferde.

der Hering

Dieses Wort hat mehrere Bedeutungen:
1. Heringe sind mittelgroße Fische, die in riesigen Schwärmen im Meer leben.
2. Ein Hering ist auch ein Erdnagel, mit dem man Zeltschnüre im Boden verankern kann.

das Herz

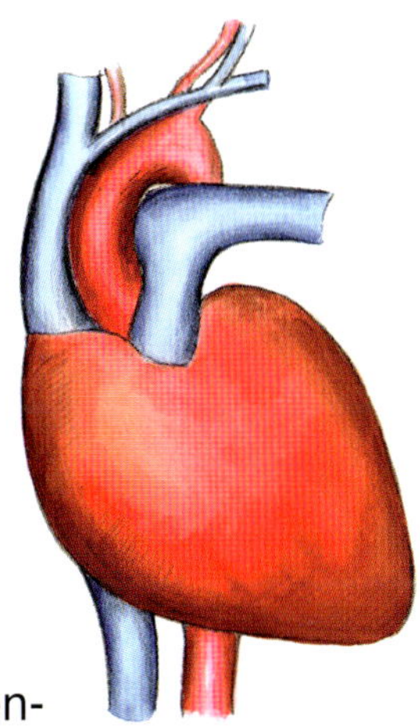

Das Herz ist ein wichtiges Organ im menschlichen Körper. Es pumpt das Blut durch die Adern und erhält uns so am Leben.

das Heu

Heu ist getrocknetes Gras. Es wird als Tierfutter verwendet, zum Beispiel für Kühe und Meerschweinchen.

H

die Heuschrecke

Mit seinen langen Hinterbeinen kann sich dieses Insekt kräftig vom Boden abdrücken und weite Sprünge machen. In vielen Ländern der Welt dienen Heuschrecken den Menschen auch als Nahrung. Sie werden dort gegrillt oder gebraten wie bei uns Fische und Hühnchen.

die Hexe

Dieses Fabelwesen kommt in Märchen und Sagen vor. Oft gelten Hexen als böse. Manchmal werden sie aber auch als weise alte Frauen dargestellt, die anderen helfen.

der Himalaja

Zum Himalaja-Gebirge gehören die höchsten Berge der Welt, darunter auch der 8848 Meter hohe Mount Everest. Der Himalaja liegt in Asien und erstreckt sich über eine Länge von 2400 Kilometern.

die Himbeere

Himbeeren wachsen an Sträuchern im Wald und in vielen Gärten. Die roten Früchte schmecken frisch und als Marmelade oder Saft.

der Himmel

Die Farbe des Himmels hängt von der Tageszeit und vom Wetter ab. An wolkenlosen Tagen sieht der Himmel blau aus. Nachts kann man dann die Sterne und den Mond gut sehen. Wenn Wolken aufziehen oder wenn es regnet, färbt sich der Himmel grau bis schwarz.

die Himmelsrichtung

Mithilfe der vier Himmelsrichtungen finden sich die Menschen auf der Erde zurecht. Der Norden liegt in Richtung des Nordpols, der Süden in Richtung des Südpols. Osten ist dort, wo die Sonne aufgeht, und im Westen geht die Sonne unter.

der Hirsch
Hirsche leben im Wald und ernähren sich von Gras und Blättern. Die Männchen tragen Geweihe, die sie einmal im Jahr abwerfen.

das Holz
Die Stämme und Äste von Bäumen bestehen aus Holz. Diesen Werkstoff benutzt man zum Beispiel für die Herstellung von Fensterrahmen und Möbeln, aber auch für Papier.

der Hoden
Jungen und Männer haben unter dem Penis zwei Hoden. Dort werden die Spermien hergestellt, mit denen ein Mann Kinder zeugen kann.

die Höhle
Eine Höhle ist ein unterirdischer Hohlraum. Höhlen entstehen, wenn der Regen das Gestein auflöst oder wenn heiße Lava erstarrt. Manche Höhlen sind ganz klein, andere sind mehrere Kilometer lang.

der Holunder
Holundersträucher wachsen fast überall in Europa. Die frischen schwarzen Beeren sind giftig. Sie verlieren ihre Giftigkeit aber beim Erhitzen, sodass man aus Holunderbeeren Gelee und Saft herstellen kann.

der Honig
Diesen süßen Brotaufstrich stellen Bienen aus Blütensaft her. Sie speichern den Honig in Waben, aus denen ihn der Imker entnimmt.

der Horizont
So nennt man die sichtbare Grenze zwischen Himmel und Erde. Besonders gut kann man den Horizont am Meer sehen. Er verläuft dort, wo Wasser und Himmel scheinbar aneinander stoßen.

H

das Horn

Dieses Wort hat mehrere Bedeutungen:
1. Unsere Fingernägel und Haare bestehen aus Horn. Dieser Stoff ist biegsam und zugleich sehr widerstandsfähig. Auch die Hörner und Hufe von Tieren sind aus Horn.
2. Ein Horn ist auch ein Blasinstrument aus Blech.

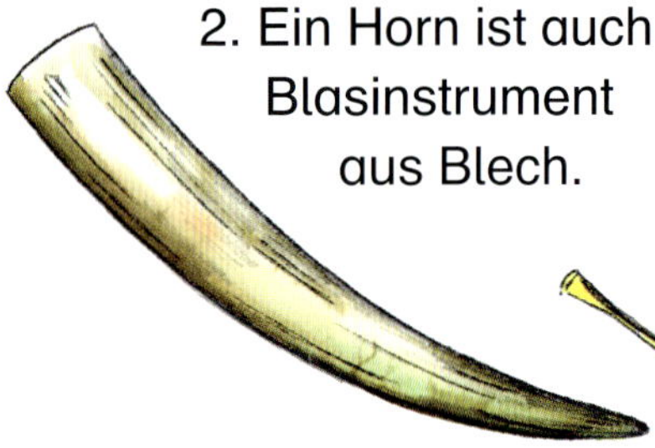

die Hornisse

Dieses Insekt sieht aus wie eine große Wespe. Hornissen leben in Völkern zusammen und ernähren sich von Insekten und Pflanzen. Wenn sie sich angegriffen fühlen, stechen sie auch Menschen. Ein Hornissenstich tut ziemlich weh, aber er ist nicht gefährlicher als der Stich einer Biene.

das Horoskop

In einem Horoskop steht, welches Sternzeichen jemand hat. Horoskope werden von Astrologen erstellt. Sie glauben, dass die Stellung der Sterne zum Zeitpunkt der Geburt etwas über die Eigenschaften eines Menschen aussagt.

die Hostie

Dieses kleine runde Gebäck wird in der Kirche beim Abendmahl verteilt. Dabei denken die Gläubigen an Jesus Christus, der mit seinen Jüngern das Brot geteilt hat.

der Hubschrauber

Dieses Luftfahrzeug hat einen großen Drehflügel auf dem Dach, den Rotor. Der Rotor hält den Hubschrauber in der Luft. Weil Hubschrauber senkrecht starten und landen können, werden sie beispielsweise zur Rettung von Verletzten in unwegsamem Gelände eingesetzt.

der Huf

Viele Tiere laufen auf Hufen – zum Beispiel Pferde, Kühe und Schafe. Die Hufe bestehen genau wie unsere Fingernägel aus Horn und wachsen ständig nach.

das Huhn

Von diesem großen Vogel stammen die Eier, die wir zum Frühstück essen. Ob ein Huhn weiße oder braune Eier legt, hängt nicht von der Farbe seiner Federn ab, sondern von den Erbanlagen. Ein weibliches Huhn bezeichnet man als Henne, das männliche heißt Hahn.

die Hummel

Hummeln sind mit den Bienen verwandt. Weil sie dicht behaart sind, sehen sie rund und plüschig aus. Hummeln ernähren sich von Blütensaft und stechen nur sehr selten.

der Hund

Hunde leben schon seit vielen tausend Jahren als Haustiere bei den Menschen. Wir nutzen sie als Jagd-, Hirten- und Wachhunde. Es gibt ungefähr 300 verschiedene Hunderassen.

der Hunger

Wenn dein Körper Nahrung braucht, bekommst du ein flaues Gefühl im Magen. Manchmal wird der Hunger so stark, dass du dich zittrig oder schwindelig fühlst. Dann ist es höchste Zeit, etwas zu essen!

die Hüpfburg

Eine Hüpfburg ist ein Gebäude aus Gummi, das mit Luft aufgeblasen wird. Auf Hüpfburgen kann man wunderbar herumtoben – und wenn man einmal hinfällt, landet man weich und tut sich nicht weh. Hüpfburgen werden bei Volksfesten und in Freizeitparks aufgestellt.

der Husten

Wenn du eine Erkältung hast oder dich verschluckst, musst du husten. Manchmal ist der Hustenreiz so schwach, dass man ihn durch Räuspern beseitigen kann.

die Hyazinthe

Diese beliebte Gartenpflanze hat lange, schmale Blätter und glockenförmige Blüten, die in Trauben dicht zusammen sitzen. Hyazinthen blühen in unterschiedlichen Farben und verströmen einen starken Duft.

I

der Igel

Mit seinem stacheligen Fell ist dieses kleine Säugetier gut vor Feinden geschützt. Bei Gefahr kann der Igel sich blitzschnell zu einer piksenden Kugel zusammenrollen. Zu Beginn der kalten Jahreszeit baut er sich ein Nest, in dem er dann Winterschlaf hält.

das Iglu

Ein Iglu ist ein Haus aus Schnee. Weil die dicken Schneemauern die Kälte abhalten, ist es im Iglu wärmer als draußen. Früher haben viele Menschen in kalten Gegenden in Iglus gelebt. Heute dienen Iglus vor allem als Schutzhütten.

der Iltis

Dieses kleine Raubtier bekommt man nur selten zu sehen. Iltisse verbergen sich tagsüber in Erdhöhlen und machen nachts Jagd auf kleine Tiere wie Mäuse oder Frösche. Sie haben braunes Fell und schwarz-weiß gemusterte Gesichter.

der Imker

Ein Imker züchtet Bienen und erntet ihren Honig. Damit die Bienen ihn nicht stechen, trägt er bei der Arbeit besondere Schutzkleidung.

die Impfung

Mit Impfungen kannst du dich vor ansteckenden Krankheiten schützen. Der Arzt verabreicht dir die Impfstoffe mit einer Spritze. Die meisten Impfungen müssen in regelmäßigen Abständen wiederholt werden.

der Indianer

So nennt man die Ureinwohner von Amerika. Früher gab es in Amerika nur Indianer. Dann kamen die Europäer und haben viele Indianer vertrieben oder getötet. Heute leben die meisten Indianer in besonderen Schutzgebieten.

Indien

In diesem asiatischen Land leben sehr viele Menschen. Manche Inder sind ganz arm, andere verdienen mit moderner Computertechnologie viel Geld. Auch die indische Landschaft ist sehr vielfältig mit hohen Bergen, feuchtheißen Urwäldern und trockenen Steppen. Die indische Hauptstadt ist Neu-Delhi.

Indonesien

Dieser asiatische Staat besteht aus vielen tausend Inseln. In Indonesien ist es das ganze Jahr über feucht und warm. Auf vielen Inseln gibt es riesige Urwälder. Die Hauptstadt Jakarta liegt auf der Insel Java.

der Inlineskate

Inlineskates sind Rollschuhe, bei denen die Rädchen in einer Reihe hintereinander angeordnet sind. Mit ihnen kann man richtig schnell fahren, aber auch Sprünge und Kunststückchen ausführen.

das Insekt

Weltweit gibt es mehr als eine Million Insektenarten. Die kleinsten Insekten kann man mit dem bloßen Auge kaum sehen, die größten haben die Ausmaße eines großen Schulheftes. Bei allen Insekten ist der Körper in Kopf, Brust und Hinterleib gegliedert. Insekten haben sechs Beine und zum Teil auch Flügel, sodass sie fliegen können.

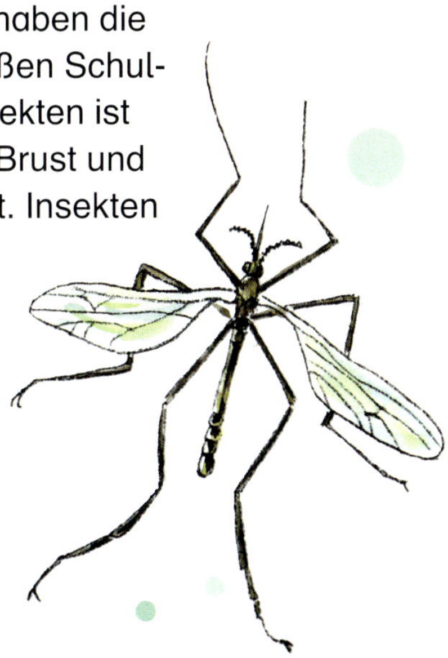

die Insel

Eine Insel ist ein Stück Land, das ringsum von Wasser umgeben ist. Viele Inseln liegen in der Nähe des Festlands. Es gibt aber auch solche mitten im Meer.

das Instrument

Dieses Wort hat mehrere Bedeutungen: 1. Oft ist damit ein Musikinstrument gemeint, also zum Beispiel eine Flöte, ein Klavier oder eine Trompete. 2. Auch viele Apparate und Werkzeuge werden als Instrumente bezeichnet, beispielsweise Messgeräte oder medizinische Hilfsmittel wie Spritzen.

das Internet

Das Internet verbindet Millionen von Computern auf der ganzen Welt. Wenn du einen Computer mit Internetzugang hast, kannst du damit Informationen zu allen möglichen Themen abrufen. Viele Firmen, Verbände und Privatleute stellen sich im Internet mit eigenen Websites vor. Und auch Geschäfte gibt es dort – die sogenannten Online-Shops, in denen Erwachsene die verschiedensten Waren bestellen können.

I

Irland
Die Insel Irland liegt im Atlantischen Ozean. Der Norden gehört zu Großbritannien, der Süden bildet einen eigenen Staat mit der Hauptstadt Dublin.

das Islandpferd
Islandpferde sind klein und kräftig.

Es sind robuste Ponys, die im Winter sogar draußen bleiben können. Viele Islandpferde beherrschen besondere Gangarten, die für den Reiter sehr bequem sind.

Israel
Israel ist ein kleines Land am östlichen Rand des Mitelmeeres. Weil die Einwohner an unterschiedliche Religionen glauben, kommt es in Israel immer wieder zu Unruhen. Die Hauptstadt ist Jerusalem.

Italien
Dieses europäische Land liegt großenteils auf einer Halbinsel im Mittelmeer. Weil die Halbinsel die Form eines Stiefels hat, kannst du Italien auf der Landkarte leicht finden. In Italien gibt es wunderschöne Badestrände, aber auch einsame Berggegenden. Die Hauptstadt ist Rom.

der Jaguar
Diese große Raubkatze lebt in Mittel- und Südamerika. Meist haben Jaguare hellbraunes Fell mit ringförmigen Flecken. Es gibt aber auch schwarze Tiere. Jaguare sind Einzelgänger und ernähren sich von anderen Tieren.

die Jahreszeit
Weil sich das Wetter und die Natur im Laufe des Jahres verändern, unterscheidet man vier Jahreszeiten: Frühling, Sommer, Herbst und Winter.

Japan
Dieses asiatische Land besteht aus zwei großen und mehreren tausend kleinen Inseln. In Japan gibt es viele Berge und Vulkane. Die meisten Menschen leben in großen Städten. Die Hauptstadt ist Tokio.

Jesus Christus

In der christlichen Religion wird Jesus Christus als Gottes Sohn verehrt. Er lebte vor ungefähr 2000 Jahren im heutigen Israel. Jesus wurde wegen seines Glaubens von den Römern gekreuzigt. Wir feiern seine Geburt an Weihnachten.

das Jo-Jo

Ein Jo-Jo besteht aus zwei kleinen runden Scheiben, zwischen denen eine Schnur aufgerollt ist. Man spielt damit, indem man das Schnurende festhält und das Jo-Jo nach unten sausen lässt. Wenn man ein bisschen mit der Hand ruckt, rollt sich die Schnur wieder auf und das Jo-Jo schnellt nach oben.

der Jockey

Ein Jockey ist ein Rennreiter. Für diesen Beruf muss man möglichst klein und leicht sein.

das Jonglieren

Beim Jonglieren wirft man mehrere Bälle oder andere Gegenstände in die Luft, fängt sie auf und wirft sie blitzschnell wieder hoch. Dafür braucht man viel Fingerspitzengefühl und Übung. Jongleure treten im Zirkus und bei Feiern auf.

der Joghurt

Joghurt wird aus Milch hergestellt. Er schmeckt leicht säuerlich und ist sehr gesund. Besonders köstlich sind Fruchtjoghurts oder solche mit Honig.

die Johannisbeere

Diese kleine Beere wächst im Garten an Johannisbeersträuchern. Es gibt rote und schwarze Johannisbeeren. Sie sind im Hochsommer reif und haben einen säuerlichen, fruchtigen Geschmack.

der Journalist

Ein Journalist schreibt Beiträge für Zeitungen, Zeitschriften und das Internet. Es gibt auch Journalisten, die für Fernseh- und Radiosender arbeiten. Für diesen Beruf braucht man ein gutes Sprachgefühl und einen Riecher für spannende Geschichten.

K

der Kabeljau

Dieser Fisch lebt im Meer und ernährt sich von kleinen Wassertieren. In manchen Gegenden bezeichnet man den Kabeljau auch als Dorsch. Er ist ein beliebter Speisefisch.

der Käfer

Käfer sind Insekten mit hartem Außenskelett. Weltweit gibt es mehr als 350 000 verschiedene Arten. Manche Käfer sind winzig klein, andere werden so groß wie Vögel.

der Kaffee

Dieses Getränk wird aus gemahlenen Kaffeebohnen hergestellt. Die Bohnen wachsen in heißen Ländern an Kaffeepflanzen. Weil Kaffee den anregenden Stoff Koffein enthält, ist er nur etwas für Erwachsene.

der Kaiman

Kaimane sind südamerikanische Krokodile. Sie ernähren sich hauptsächlich von Fischen und halten sich wie alle Krokodile meist im Wasser auf.

das Kajak

Ein Kajak ist ein schmales Paddelboot für eine Person. Früher wurde es von den Eskimos zur Jagd eingesetzt. Heute sind Kajaks beliebte Sportboote.

der Kakao

Kakao ist ein Getränk, das aus dem Pulver gemahlener Kakaobohnen hergestellt wird. Die Bohnen wachsen in heißen Ländern an Bäumen. Auch Schokolade wird aus Kakaobohnen hergestellt.

der Kaktus

Das Auffälligste am Kaktus sind die vielen Dornen, die er anstelle von Blättern trägt. Kakteen wachsen in heißen, trockenen Gegenden. Weil sie viel Wasser speichern können, halten sie auch längere Trockenzeiten aus. Viele Kakteen eignen sich auch als Zimmerpflanzen.

das Kalb
So nennt man ein kleines Rind im ersten Lebensjahr. Auch die Jungen von Hirschen, Elefanten und Giraffen bezeichnet man als Kälber.

das Kamel
Kamele sind große Säugetiere, die in der Wüste leben. Sie haben zwei Höcker auf dem Rücken und können sehr lange ohne Wasser auskommen. Bei Sturm verschließen sie ihre Nasenlöcher, damit kein Sand hineinweht. Kamele mit einem Höcker bezeichnet man als Dromedare.

der Kalender
In einem Kalender sind alle Tage des Jahres eingetragen. Oft kann man hier auch Feiertage und Namenstage nachschlagen. Es gibt große Wandkalender und solche in Buchform.

die Kamera
Mit einer Kamera kannst du Fotos oder Filme aufnehmen. Digitalkameras sind besonders praktisch, weil man die Aufnahmen hier sofort ansehen kann.

die Kamille
Diese Pflanze wächst in vielen Gegenden auf Wiesen und Feldern. Sie hat kleine, gelb-weiße Blüten und verströmt einen würzigen Duft. Kamillentee und Kamillentropfen helfen bei Bauchweh und Halsschmerzen.

das Kaltblutpferd
So nennt man kräftige, behäbige Pferde, die in der Land- und Forstwirtschaft als Zugpferde eingesetzt werden. Ihr Blut ist aber nicht kälter als bei allen anderen Pferden. Man bezeichnet sie nur wegen ihres ruhigen Wesens als Kaltblüter.

K

Kanada

Dieses nordamerikanische Land ist riesengroß. Es leben aber nur wenige Menschen dort. In Kanada gibt es viele Seen und hohe Berge. Die Hauptstadt ist Ottawa.

das Kaninchen

Kaninchen sehen aus wie kleine Hasen, haben aber kürzere Ohren. Oft werden sie als Haustiere gehalten. Es gibt auch wild lebende Kaninchen. Sie leben in unterirdischen Bauen und ernähren sich von Gras und Kräutern.

der Kanal

Ein Kanal ist ein künstlich angelegter Fluss. Oft verbindet er zwei Gewässer, sodass die Schiffe hin- und herfahren können.

der Kanarienvogel

Sein leuchtend buntes Gefieder macht den Kanarienvogel zu einem beliebten Haustier. Kanarienvögel stammen von den Kanarischen Inseln vor Afrika.

das Kanu

Kanus sind schnelle, wendige Paddelboote für eine oder mehrere Personen. Viele Menschen fahren in ihrer Freizeit zum Vergnügen Kanu. Es gibt aber auch sportliche Wettbewerbe, zum Beispiel Kanurennen und Kanuslalom.

das Känguru

Mit seinen langen, kräftigen Hinterbeinen kann dieses Beuteltier riesige Sprünge machen. Die Weibchen haben einen Beutel vor dem Bauch, in denen sie ihre Jungen aufziehen. Kängurus leben in Australien und Neuseeland.

der Kapitän

Dieses Wort hat mehrere Bedeutungen: 1. Als Schiffsführer ist der Kapitän für die Besatzung seines Schiffs und für die Passagiere verantwortlich. 2. Auch im Mannschaftssport gibt es Kapitäne. Ein Mannschaftskapitän kümmert sich als Spielführer um die Anliegen seiner Mitspieler.

die Karotte

Dieses orangefarbene Wurzelgemüse wächst in der Erde. Karotten haben einen süßlichen Geschmack und werden nicht nur gekocht, sondern auch zu Saft und Karottenkuchen verarbeitet. In manchen Gegenden bezeichnet man sie auch als Möhren, Mohrrüben oder Gelbe Rüben.

der Karpfen

Dieser große Fisch lebt hauptsächlich in Seen und Teichen. Weil der Karpfen ein beliebter Speisefisch ist, wird er oft in besonderen Karpfenteichen gezüchtet.

die Kartoffel

Kartoffeln zählen zu den wichtigsten Nahrungsmitteln der Menschen. Die Kartoffelknollen wachsen in der Erde, die grünen Strünke kann man nicht essen. Kartoffeln schmecken gekocht und gebraten, aber auch als Kartoffelchips und Pommes frites.

der Käse

Käse wird aus Milch hergestellt. Es gibt ganz unterschiedliche Käsesorten, zum Beispiel Hartkäse und Weichkäse. Käse schmeckt als Brotbelag, aber auch auf Pizza und in Soßen.

die Kastagnette

Dieses Musikinstrument besteht aus zwei kleinen Holzschalen, die mit einer Schnur verbunden sind. Man spielt es, indem man beide Schalen mit einer Hand gegeneinander schlägt.

die Kastanie

Kastanienbäume erkennst du im Frühsommer an ihren wunderschönen Blütenkerzen. Im Herbst fallen die reifen Kastanien herunter, die in grünen, stacheligen Hüllen stecken. In warmen Gegenden gibt es auch Esskastanien. Ihre Früchte werden im Winter oft als heiße Maronen verkauft.

die Katze

Neben unseren Hauskatzen zählen auch Raubtiere wie Löwen und Tiger zur Familie der Katzen. Sie alle ernähren sich hauptsächlich von Fleisch. Es gibt ungefähr 50 verschiedene Katzenarten.

K

der Kiefer

Bei uns Menschen und vielen Tieren ist der Kiefer ein Teil des Kopfes. Im Oberkiefer und Unterkiefer sind die Zähne verankert.

der Kaugummi

Kaugummis bestehen aus einer weichen, formbaren Masse. Meist schmecken sie süß. Sie lösen sie sich auch dann nicht auf, wenn man lange auf ihnen herumkaut. Allerdings machen Kaugummis auch nicht satt.

die Kiefer

Eine Kiefer ist ein hoher Baum mit langen Nadeln. Kiefernholz wird häufig zur Herstellung von Möbeln und Papier genutzt.

Kenia

In diesem afrikanischen Land leben viele wilde Tiere wie Giraffen, Zebras und Elefanten. Weil es in Kenia immer wieder Dürrezeiten und Überschwemmungen gibt, leiden die Menschen dort häufig unter Hungersnot. Die Hauptstadt ist Nairobi.

das Kino

Im Kino werden auf einer großen Leinwand Filme gezeigt. Ein Kinosaal bietet Platz für mehr als 100 Menschen. Im Sommer gibt es manchmal auch Filmvorführungen unter freiem Himmel. Man bezeichnet sie als Open-Air-Kino.

der Ketchup

Diese würzige Sauce wird aus Tomaten, Essig, Zucker und Salz hergestellt. Ketchup passt gut zu Nudeln, Pommes frites und vielen anderen Gerichten.

die Kirsche

Kirschen wachsen an großen Bäumen und sind meist im Frühsommer reif. Sie zählen zum Steinobst. In ihrem Fruchtfleisch steckt ein kleiner Kern, den man nicht essen kann. Süßkirschen sind lecker auf Kuchen, mit Sauerkirschen macht man Marmelade.

der Kiebitz

Dieser schwarz-weiß gemusterte Vogel trägt einen schwarzen Federschopf auf dem Kopf. Kiebitze leben in feuchten, sumpfigen Gebieten und ernähren sich von Insekten und Würmern.

der Kiwi
Ein Kiwi ist ein neuseeländischer Laufvogel. Er kann nicht fliegen, sondern bewegt sich auf seinen kräftigen Beinen vorwärts.

die Kiwi
Eine Kiwi ist eine Speisefrucht, ungefähr so groß wie ein Hühnerei und hat eine braune, behaarte Schale, die man nicht essen kann. Das grüne Fruchtfleisch schmeckt süß und saftig.

die Klapperschlange
In Amerika gibt es viele verschiedene Arten von Klapperschlangen. Die meisten haben bräunliche Schuppen und sind ungefähr einen Meter lang. Sie ernähren sich von kleinen Tieren wie Mäusen und Kaninchen, die sie mit ihren Giftzähnen töten. Am Schwanzende tragen Klapperschlangen Hornringe, mit denen sie klappernde Geräusche erzeugen können.

die Klarinette
Dieses Holzblasinstrument sieht so ähnlich aus wie eine Flöte. Die Tonlöcher der Klarinette können mit Metallklappen verschlossen werden. Klarinetten haben einen klaren, warmen Klang.

das Klavier
Ein Klavier ist ein Tasteninstrument, das allein, als Begleitinstrument oder mit einem Orchester gespielt wird. Wenn man auf die Tasten drückt, schlagen kleine Hämmerchen im Inneren des Klaviers gegen unterschiedlich lange Saiten. So entstehen die Töne.

der Klee
Diese Pflanze wächst auf vielen Wiesen. Auf den meisten Kleestängeln sitzen drei kleine Blättchen. Vierblättrige Kleeblätter gelten als Glücksbringer.

das Klima
Welches Klima in einer bestimmten Gegend herrscht, hängt vom Wetter ab. In Wüstengebieten ist das Klima beispielsweise trocken und karg, an der Meeresküste dagegen mild und feucht. Im Laufe der Zeit kann sich das Klima auch verändern.

K

das Kloster
In einem Kloster leben Menschen, die ihr ganzes Leben nur der Religion widmen. Männliche Klosterbewohner bezeichnet man als Mönche, weibliche als Nonnen.

der Knoblauch
Eine Knoblauchknolle sieht so ähnlich aus wie eine Zwiebel. In jeder Knolle stecken mehrere kleine Schnitze, die sogenannten Zehen. Knoblauch hat einen sehr würzigen Geschmack. Er wird meist klein geschnitten oder gepresst zum Kochen verwendet.

der Knochen
Dein Körper wird von einem Skelett aus über 200 Knochen gestützt. Viele davon sind durch Gelenke miteinander verbunden. Wenn du dir einen Knochen brichst, muss die Bruchstelle ruhig gestellt werden. Dann kann der Knochen wieder zusammenwachsen.

der Knollenblätterpilz
Dieser Pilz sieht so ähnlich aus wie ein Champignon, ist aber sehr giftig. Weil eine Pilzvergiftung üble Folgen haben kann, solltest du vorsichtshalber keine selbst gesammelten Pilze essen.

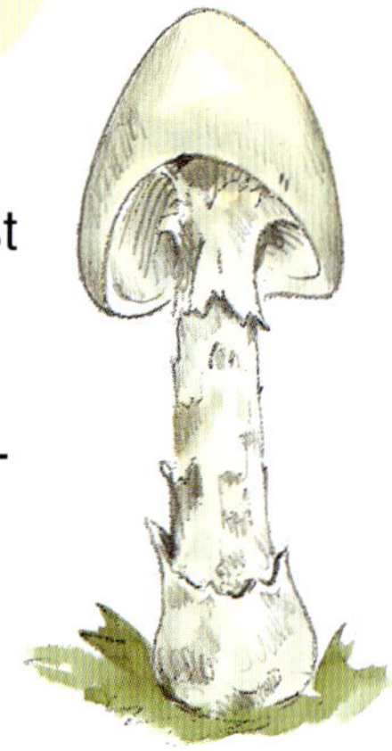

die Knospe
Im Frühling bilden die Bäume und Blumen viele Knospen. Aus den Knospen entwickeln sich später Blätter oder Blüten.

der Koala
Dieses kleine Beuteltier lebt in Australien. Am wohlsten fühlen sich Koalas in Eukalyptusbäumen, auf denen sie nach Herzenslust herumklettern können. Koala-Babys wachsen in den Bauchbeuteln ihrer Mütter auf.

die Kohle
Dieses Gestein lagert tief in der Erde. In großen Bergwerken wird die Kohle nach oben befördert. Mit Kohle kann man Kraftwerke und Heizkessel betreiben.

der Kohlrabi
Diese Gemüsepflanze bildet eine runde Knolle. Kohlrabi schmeckt mild und kann roh oder gekocht verzehrt werden.

der Koi
Kois gehören zu den Karpfen. Weil ihre Schuppen oft in wunderschönen Farben schillern, sind sie beliebte Zierfische.

die Kokosnuss
Diese große Nuss wächst in heißen Ländern an Palmen. Unter ihrer harten Schale liegt das süßliche weiße Fruchtfleisch. Auch die Kokosmilch aus dem Inneren der Nuss schmeckt köstlich.

der Kolibri
Er lebt in Amerika und ist der kleinste Vogel der Welt. Kolibris haben ein kunterbuntes Gefieder und lange, dünne Schnäbel sowie extrem lange Zungen. Damit können sie besonders gut Nektar trinken, indem sie vor den Blüten auf der Stelle fliegen.

der Komet
Ein Komet ist ein Himmelskörper. Er wirbelt durchs Weltall und zieht einen Schweif aus Gas und Staub hinter sich her.

die Kommunion
Bei der Erstkommunion dürfen die Kinder in der katholischen Kirche zum ersten Mal am Abendmahl teilnehmen. Danach feiern sie mit ihren Freunden und Familien.

der Kompass
Ein Kompass ist ein kleines Gerät, das die Himmelsrichtungen anzeigt. Mit seiner Hilfe kann man sich zum Beispiel in einsamen Gegenden oder auf dem Meer zurechtfinden. Denn die Nadel ist magnetisch und zeigt daher immer zum magnetischen Nordpol.

die Konditorei
In einer Konditorei kannst du Torten, Plätzchen und andere Leckereien kaufen. Oft gibt es auch einen Gastraum, in dem man das Gebäck verzehren kann.

die Konfirmation
Mit der Konfirmation feiern die Jugendlichen in der evangelischen Kirche den Übertritt ins Erwachsenenalter. Dabei bekennen sie sich zum christlichen Glauben.

K

der Kontrabass
Dieses große Streichinstrument hat einen tiefen, warmen Klang. Meist wird der Kontrabass im Stehen gespielt. Manchmal verwendet der Kontrabassist auch einen besonderen Hochstuhl.

das Konzert
Bei einem Konzert spielen die Musiker vor Publikum. Oft finden solche Veranstaltungen in Konzerthallen statt. Im Sommer gibt es manchmal auch Open-Air-Konzerte unter freiem Himmel.

der Kopfsalat
Dieser grüne Salat schmeckt besonders zart. Weil seine Blätter rasch welken, kann man ihn nicht lange aufbewahren.

die Koralle
Korallen sind kleine Meerestiere. Sie bilden unter Wasser große bunte Stöcke, die sogenannten Riffe.

der Kork
Dieser Werkstoff wird für Flaschenkorken und Fußböden verwendet. Kork ist die äußere Schicht an Stämmen von besonderen Bäumen, den Korkeichen.

das Kostüm
Wenn du dich an Fasching verkleidest, ziehst du ein Kostüm an. Auch Schauspieler und Tänzer tragen oft Kostüme.

der Kot
So nennt man die unverdauten Nahrungsreste, die Menschen und Tiere ausscheiden.

die Krabbe
Krabben sind kleine Krebse. Sie leben meist im Wasser, können sich aber auch an Land blitzschnell fortbewegen.

das Kraftwerk
Ein Kraftwerk erzeugt Strom. Dabei wird die Energie von Stoffen wie Kohle, Wasser oder Uran in Elektrizität umgewandelt.

die Krähe
Dieser große Vogel hat schwarze Federn und einen dicken, leicht gebogenen Schnabel. Krähen leben fast überall in Europa.

der Kran
Mit einem Kran kann man schwere Lasten heben. Manche Kräne sind klein und wendig, andere so hoch wie ein Kirchturm. Sie werden auf Baustellen und zum Beladen von Schiffen und Eisenbahnwaggons eingesetzt.

die Kräuter
Kräuter wachsen in vielen Gärten und in der freien Natur. Man verwendet sie zum Würzen von Speisen und für die Zubereitung von Tees.

der Krebs
Krebse sind Gliedertiere, die meist im Wasser leben. Sie haben einen harten Panzer und zehn Beine. Mit den vorderen Beinen, die wie große Scheren geformt sind, fangen Krebse ihre Beute. Sie ernähren sich von Würmern, Schnecken und Insekten.

das Kreuzfahrtschiff
Das Kreuzfahrtschiff ist wie ein schwimmendes Hotel, auf dem die Fahrgäste ihren Urlaub verbringen. Große Kreuzfahrtschiffe haben Gaststätten, Geschäfte, Schwimmbäder und manchmal sogar Tennisplätze an Bord.

die Kreuzotter
Diese Schlange erkennst du an dem schwarzen Zickzack-Muster auf ihrem Rücken. Sie ernährt sich von kleinen Tieren wie Mäusen oder Fröschen, die sie mit ihrem Gift tötet. Wenn sie sich bedroht fühlt, beißt die Kreuzotter manchmal auch Menschen. Für kleine Kinder kann das Gift gefährlich sein.

die Kreuzung
An einer Kreuzung treffen mehrere Wege oder Straßen aufeinander. Wenn keine Ampeln oder Schilder den Verkehr regeln, hat immer das Fahrzeug Vorfahrt, das von rechts kommt.

K

das Kriechtier

Zur Gruppe der Kriechtiere oder Reptilien gehören Schildkröten, Echsen, Krokodile und Schlangen. Ihre Haut ist mit Hornschuppen bedeckt. Weil ihre Körpertemperatur von der Umgebung abhängt, bevorzugen sie sonnige Plätze. Kriechtiere leben überwiegend an Land. Viele fühlen sich aber auch im Wasser wohl.

der Krokus

Diese Blume blüht im Frühjahr, kurz nachdem der letzte Schnee geschmolzen ist. Krokusse haben weiße, gelbe oder violette Blüten.

Kroatien

Dieses Land liegt östlich von Italien an der Mittelmeerküste. In Kroatien gibt es viele Berge und Wälder. Die Hauptstadt ist Zagreb.

die Kröte

Kröten leben überall dort, wo es feucht ist. Oft findet man sie am Ufer von Tümpeln, unter großen Steinen oder im Laub. Ihr Körper ist mit Hautwarzen bedeckt, die bei Gefahr Gift absondern können.

das Krokodil

Krokodile sind die größten Kriechtiere (Reptilien), die es gibt. Sie leben in heißen Ländern an den Ufern von Flüssen und Seen. Dort liegen sie oft reglos im Wasser, bis ein Beutetier vorbeikommt. Dann schnellen sie heraus und packen das Opfer mit ihren scharfen Zähnen. Krokodile fressen die verschiedensten Tiere. Sie können auch für Menschen gefährlich sein.

der Kuckuck

Dieser Vogel heißt so, wie sein Ruf klingt – nämlich „Kuckuck“. Er hat graubraune Federn und einen leicht gekrümmten Schnabel. Oft brüten die Kuckucksweibchen ihre Eier nicht selbst aus, sondern legen sie in die Nester anderer Vögel. Diese ziehen den Kuckucks-Nachwuchs dann auf, bis er flügge ist.

die Kuh

Kühe gehören zu den wichtigsten Nutztieren der Menschen. Wir trinken ihre Milch und essen ihr Fleisch. Auch Joghurt, Käse und Butter werden aus Kuhmilch hergestellt. Weil Kühe ihr Futter mehrmals kauen, bezeichnet man sie als Wiederkäuer.

der Kürbis

Kürbisse wachsen in vielen Gärten. Sie sind meist im Herbst reif und schmecken zum Beispiel in Aufläufen und Suppen. Aus den Kernen wird schmackhaftes Öl gepresst. Wenn du einen Kürbis aushöhlst, kannst du ein Gesicht in die Schale schnitzen.

das Küken

Ein Küken ist ein Vogelbaby. Es hat weiche, flauschige Federn und kann noch nicht fliegen.

der Kümmel

Dieses Gewürz hat einen starken Geschmack. Kümmel wird zum Würzen deftiger Speisen verwendet, aber auch als Heiltee bei Bauchschmerzen.

die Küste

So nennt man das Ufer des Meeres. An einer Steilküste ragen die Uferklippen hoch aus dem Wasser. Bei einer Flachküste fällt das Ufer allmählich zum Wasser hin ab und wird von den Wellen überspült.

die Kutsche

Eine Kutsche ist ein Fahrzeug, das von Pferden gezogen wird. Früher haben die Reisenden weite Strecken mit Kutschen zurückgelegt. Heute fahren die Menschen in den meisten Ländern nur noch zum Vergnügen Kutsche.

L

der Lachs
Lachse sind große Fische. Sie verbringen ihre Kindheit in Flüssen und schwimmen zum Meer, sobald sie erwachsen sind. Dabei legen sie oft tausende von Kilometern zurück.

das Lama
Dieses kleine Kamel lebt in Südamerika. Es gibt verschiedene Lama-Arten – zum Beispiel das Alpaka, das für seine weiche Wolle bekannt ist. Wenn sich ein Lama bedroht fühlt, spuckt es manchmal in hohem Bogen aus.

das Lamm
So nennt man ein kleines Schaf in den ersten Lebensmonaten.

der Laptop
Ein Laptop ist ein tragbarer Computer. Zusammengeklappt ist er ungefähr so groß wie ein schmaler Aktenordner. Wenn man den Laptop aufklappt, erscheint im Deckel der Bildschirm. In der unteren Hälfte liegt die Tastatur.

die Lärche
Dieser Baum hat weiche Nadeln, die er im Herbst abwirft. Weil Lärchenholz sehr widerstandsfähig ist, wird es oft als Baustoff verwendet.

die Larve
Insekten durchlaufen verschiedene Entwicklungsstufen, während sie heranwachsen. Am Anfang ihres Lebens sehen sie als Larven völlig anders aus als im Erwachsenenalter. Wenn die Larven genug gefressen haben, verpuppen sie sich und entwickeln ihre endgültige Körperform.

die Laterne
So nennt man eine Lampe, die durch eine Außenhülle vor Wind und Regen geschützt ist. In der Stadt werden die Straßen mit elektrischen Laternen beleuchtet. Beim Sankt-Martins-Umzug tragen die Kinder oft Laternen mit Kerzen.

das Laub

Die Blätter von Büschen und Bäumen bezeichnet man als Laub.

der Laubbaum

Laubbäume tragen Blätter, die ganz unterschiedliche Formen haben können. Oft werfen die Bäume im Herbst ihr Laub ab.

der Lauch

Diese Gemüsepflanze wächst fast überall in Europa. Man erkennt den Lauch an seinem schmalen Schaft und den langen, dünnen Blättern. Er wird auch als Porree bezeichnet und schmeckt ähnlich wie eine milde Zwiebel.

die Laus

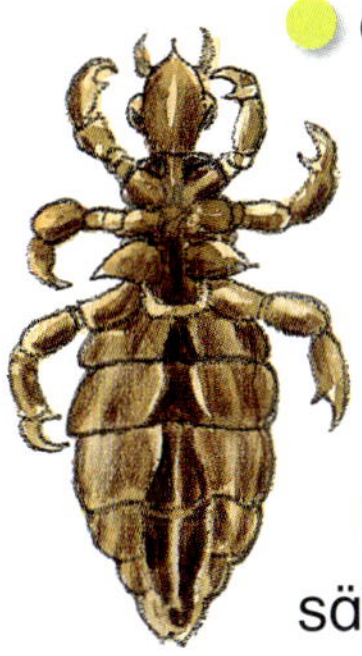

Läuse sind kleine Insekten, die sich von anderen Lebewesen ernähren. Kopfläuse saugen zum Beispiel das Blut von Menschen, während Blattläuse von Pflanzensäften leben.

der Lautsprecher

Lautsprecher wandeln elektrische Schwingungen in hörbare Töne um. Sie stecken in Lautsprecherboxen, Fernsehern, Radios und Telefonen.

die Lava

Bei einem Vulkanausbruch ergießt sich heiße Lava in die Umgebung. Wenn die Lava abkühlt, erstarrt sie zu Gestein.

die Lawine

Wenn im Gebirge große Schneemassen in Richtung Tal rutschen, bildet sich eine Lawine. Sie reißt immer mehr Schnee mit sich und kann ganze Landschaften unter sich begraben.

L

die Leber

Die Leber ist ein wichtiges Organ. Sie reinigt das Blut und sorgt dafür, dass dein Körper mit Nährstoffen und Vitaminen versorgt wird.

das Leder

Leder besteht aus der Haut von Tieren. Bei der Verarbeitung werden die Tierhaare entfernt, bevor das Leder mit Gerbstoffen behandelt wird. Dadurch wird es so haltbar, dass man Schuhe oder Taschen daraus herstellen kann.

der Leierkasten

In einem Leierkasten stecken mehrere Orgelpfeifen und ein Luftsack. Wenn man an der Kurbel dreht, bringt der Luftzug die Pfeifen zum Klingen. Man bezeichnet den Leierkasten auch als Drehorgel.

der Leopard

Das hellbraune Fell dieser Raubkatze ist mit dunklen Flecken übersät. Leoparden leben Afrika und Asien. Sie fressen die verschiedensten Tiere, von der Antilope bis zum Vogel.

die Lerche

Dieser Singvogel ist für seinen schönen Gesang bekannt. Lerchen bauen ihre Nester am Boden und schlafen in Mulden. Ihre bräunlichen Federn bieten eine gute Tarnung vor Raubtieren.

Lettland

Dieses Land liegt im Norden Europas an der Ostsee. Die hügelige Landschaft ist von großen Wäldern bedeckt. Die Hauptstadt von Lettland ist Riga.

die Leuchtreklame

So nennt man beleuchtete Flächen, auf denen Werbung zu sehen ist. Leuchtreklame findet man überall dort, wo viele Menschen vorbeikommen – zum Beispiel in der Fußgängerzone und am Bahnhof.

der Leuchtturm

Früher haben Leuchttürme den Schiffen gezeigt, wo die Meeresküste verläuft. Heute finden sich die Schiffskapitäne meist mit Navigationsgeräten zurecht, sodass sie die Lichtsignale der Leuchttürme nicht mehr brauchen.

das Laub
Die Blätter von Büschen und Bäumen bezeichnet man als Laub.

der Laubbaum
Laubbäume tragen Blätter, die ganz unterschiedliche Formen haben können. Oft werfen die Bäume im Herbst ihr Laub ab.

der Lauch
Diese Gemüsepflanze wächst fast überall in Europa. Man erkennt den Lauch an seinem schmalen Schaft und den langen, dünnen Blättern. Er wird auch als Porree bezeichnet und schmeckt ähnlich wie eine milde Zwiebel.

die Laus
Läuse sind kleine Insekten, die sich von anderen Lebewesen ernähren. Kopfläuse saugen zum Beispiel das Blut von Menschen, während Blattläuse von Pflanzensäften leben.

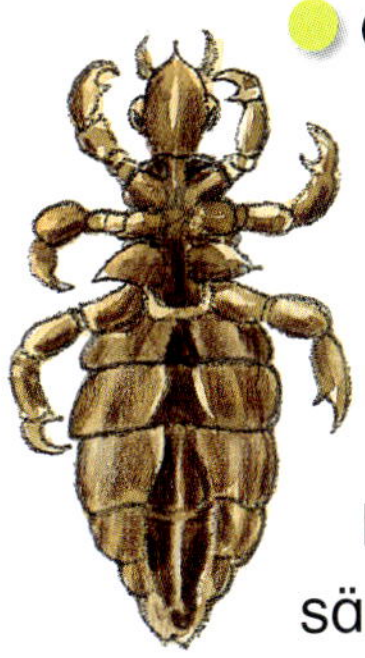

der Lautsprecher
Lautsprecher wandeln elektrische Schwingungen in hörbare Töne um. Sie stecken in Lautsprecherboxen, Fernsehern, Radios und Telefonen.

die Lava
Bei einem Vulkanausbruch ergießt sich heiße Lava in die Umgebung. Wenn die Lava abkühlt, erstarrt sie zu Gestein.

die Lawine
Wenn im Gebirge große Schneemassen in Richtung Tal rutschen, bildet sich eine Lawine. Sie reißt immer mehr Schnee mit sich und kann ganze Landschaften unter sich begraben.

L

die Leber
Die Leber ist ein wichtiges Organ. Sie reinigt das Blut und sorgt dafür, dass dein Körper mit Nährstoffen und Vitaminen versorgt wird.

das Leder
Leder besteht aus der Haut von Tieren. Bei der Verarbeitung werden die Tierhaare entfernt, bevor das Leder mit Gerbstoffen behandelt wird. Dadurch wird es so haltbar, dass man Schuhe oder Taschen daraus herstellen kann.

der Leierkasten
In einem Leierkasten stecken mehrere Orgelpfeifen und ein Luftsack. Wenn man an der Kurbel dreht, bringt der Luftzug die Pfeifen zum Klingen. Man bezeichnet den Leierkasten auch als Drehorgel.

der Leopard
Das hellbraune Fell dieser Raubkatze ist mit dunklen Flecken übersät. Leoparden leben Afrika und Asien. Sie fressen die verschiedensten Tiere, von der Antilope bis zum Vogel.

die Lerche
Dieser Singvogel ist für seinen schönen Gesang bekannt. Lerchen bauen ihre Nester am Boden und schlafen in Mulden. Ihre bräunlichen Federn bieten eine gute Tarnung vor Raubtieren.

Lettland
Dieses Land liegt im Norden Europas an der Ostsee. Die hügelige Landschaft ist von großen Wäldern bedeckt. Die Hauptstadt von Lettland ist Riga.

die Leuchtreklame
So nennt man beleuchtete Flächen, auf denen Werbung zu sehen ist. Leuchtreklame findet man überall dort, wo viele Menschen vorbeikommen – zum Beispiel in der Fußgängerzone und am Bahnhof.

der Leuchtturm
Früher haben Leuchttürme den Schiffen gezeigt, wo die Meeresküste verläuft. Heute finden sich die Schiffskapitäne meist mit Navigationsgeräten zurecht, sodass sie die Lichtsignale der Leuchttürme nicht mehr brauchen.

die Libelle

Dieses Insekt hat einen langen, schmalen Körper und vier Flügel. Libellen leben meist am Ufer von Seen oder Flüssen und ernähren sich von kleinen Wassertieren.

die Linde

Lindenbäume erkennst du an ihren herzförmigen Blättern und dem starken Duft der Blüten. Sie wachsen oft in Stadtparks und an Straßenrändern.

der Liebstöckel

Liebstöckel ist ein Kraut mit scharfem Geschmack. Man würzt damit vor allem Suppen und Eintöpfe.

die Limonade

Dieses Erfrischungsgetränk enthält Wasser, Zucker und Aromastoffe. Meist schmeckt Limonade nach Zitrone oder Orange.

die Linse

Dieses Wort hat mehrere Bedeutungen:
1. Als Teil des menschlichen Auges bündelt die Linse das einfallende Licht, sodass wir klar sehen können.
2. In Brillengläsern, Kameras und Ferngläsern sorgen künstliche Linsen für scharfe Bilder.
3. Linsen sind auch kleine, runde Hülsenfrüchte, die gerne zu Suppen gekocht werden. Sie sind sehr gesund und nahrhaft.

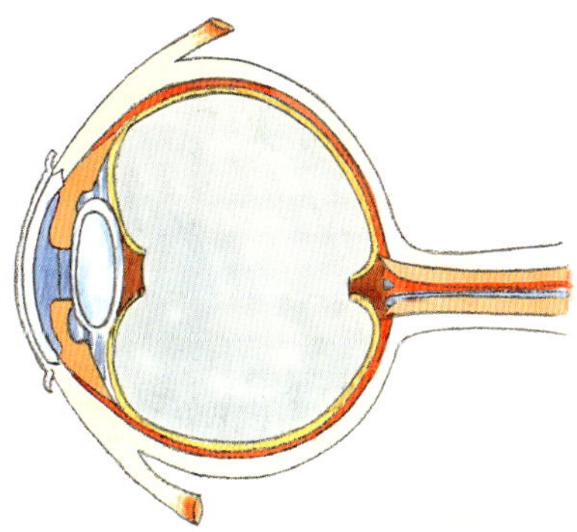

das Lispeln

Wenn jemand lispelt, kann er die Buchstaben s und z nicht richtig aussprechen. Meist hört das Lispeln auf, wenn der Betroffene von einem Logopäden behandelt wird. Dort lernt er mithilfe von Übungen die richtige Aussprache.

L

Litauen

Dieses osteuropäische Land liegt an der Ostsee. In Litauen gibt es wunderschöne Sandstrände, aber auch riesige Wälder. Die Hauptstadt heißt Wilna.

die Litschi

Litschis sind die Früchte des Litschibaumes, der in China wächst. Sie sind weiß, etwas größer als Kirschen, schmecken süßlich und stecken in einer rötlichen Schale.

die Lokomotive

So nennt man das Triebfahrzeug eines Zuges. Früher wurden Lokomotiven mit Dampf betrieben, heute fahren sie meist mit elektrischem Antrieb.

der Löwe

Diese Raubkatze lebt in Afrika. Ein ausgewachsener Löwe ist ungefähr so groß wie ein Pony. Männliche Löwen tragen üppige Mähnen. Die Löwenweibchen sehen unscheinbarer aus, sind aber genauso gefährlich. Löwen sind so stark, dass sie Gazellen, Büffel und Zebras erlegen können.

das Löwenmaul

Diese Blume heißt so, weil ihre Blüten die Form von Löwenmäulern haben. Drückt man die Blüte in der Mitte leicht zusammen, sperrt sich das Maul auf. Das Löwenmaul wächst in vielen Gärten und in warmen Ländern auch in der Wildnis.

der Löwenzahn

An seinen leuchtend gelben Blüten und den länglichen, gezackten Blättern kannst du den Löwenzahn leicht erkennen. Er wächst auf Wiesen, an Wegrändern und zwischen Pflastersteinen. Nach der Blüte bilden sich viele kleine Schirmchen, die der Wind davonpustet. Deshalb wird der Löwenzahn auch als Pusteblume bezeichnet.

der Luchs
Diese Wildkatze ist ungefähr so groß wie ein Schäferhund. Luchse haben ein graubraunes Fell. Auf den Ohren tragen sie kleine Fellbüschel, die wie Pinsel aussehen. Luchse fühlen sich in großen Waldgebieten und im Gebirge am wohlsten.

die Lunge
Dieses Organ regelt bei uns Menschen und bei vielen Tieren die Atmung. Die Lunge filtert den lebenswichtigen Sauerstoff aus der eingeatmeten Luft und gibt ihn an das Blut weiter. Außerdem gibt sie Kohlendioxid ab, das der Körper nicht mehr braucht.

der Luftballon
Ein Luftballon besteht aus einer dünnen Gummihaut, die mit Luft oder Gas gefüllt ist. Luftballons mit Gasfüllung fliegen davon, wenn man sie nicht festhält oder anbindet.

die Lupe
Wenn du durch eine Lupe blickst, erscheinen alle Dinge stark vergrößert. Man benutzt Lupen, um kleine Gegenstände genau zu betrachten.

der Lurch
Lurche sind Tiere, die im Wasser und an Land leben können. Man bezeichnet sie auch als Amphibien. Zur Gruppe der Lurche gehören Frösche, Kröten und Molche. Statt wie andere Tiere zu trinken, nehmen sie durch die Haut Wasser auf.

das Luftkissenboot
Dieses Boot gleitet auf einem Luftkissen übers Wasser. Weil dabei wenig Reibung entsteht, können Luftkissenboote sehr schnell fahren.

Luxemburg
Dieses kleine Land liegt in Westeuropa zwischen Deutschland, Belgien und Frankreich. In ganz Luxemburg leben weniger Menschen als in Berlin. Die Hauptstadt heißt ebenfalls Luxemburg.

M

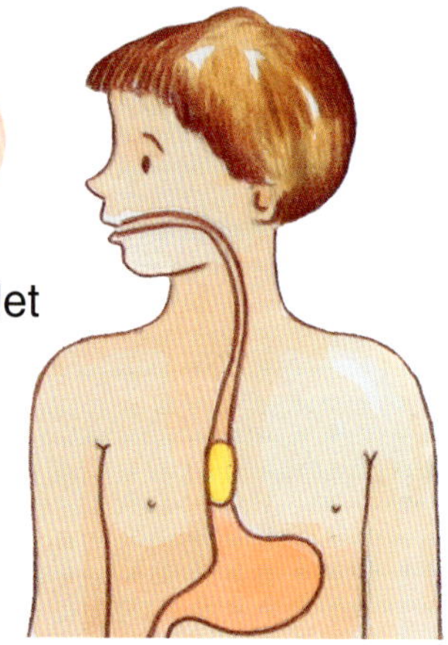

der Magen

Alles, was du isst, landet in deinem Magen. Dort vermischt sich die Nahrung mit dem Magensaft, bevor sie weiter verdaut wird. Wenn du länger nichts gegessen hast, knurrt der Magen. Dann ist es höchste Zeit für die nächste Mahlzeit!

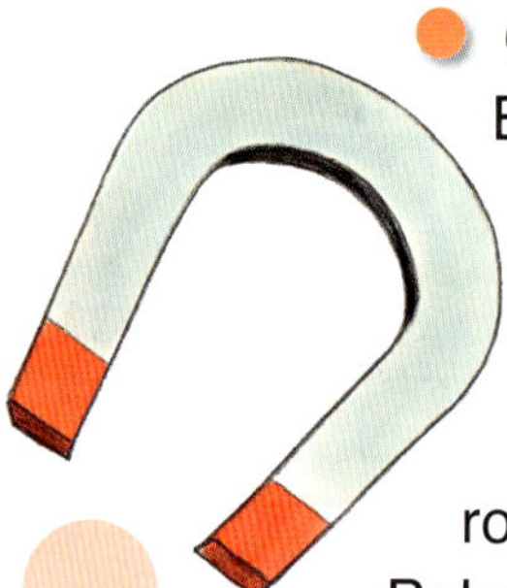

der Magnet

Ein Magnet zieht Gegenstände aus Metall an. Er hat zwei Pole. Der Südpol ist meist grün gefärbt und der Nordpol rot. Wenn man zwei gleiche Pole aufeinander zu bewegt, stoßen sie sich ab.

der Mähdrescher

Ein Mähdrescher ist eine große Maschine, mit der man Getreide erntet. Zuerst schneidet der Mähdrescher die Pflanzen ab. Anschließend trennt er die Stängel und Blätter von den Körnern. Die Körner werden aufgefangen, die restlichen Pflanzenteile wieder aufs Feld geworfen und später als Stroh verwendet.

das Maiglöckchen

Diese Pflanze blüht im Frühsommer in vielen Gärten und in der freien Natur. Die weißen Blüten des Maiglöckchens hängen wie kleine Glocken am Stängel und duften stark.

der Maikäfer

Dieser Käfer heißt so, weil man ihn vor allem im Mai beobachten kann. Am auffälligsten ist seine Größe: Ein Maikäfer ist ungefähr so groß wie ein mittlerer Legostein! Er hat braune Flügel und einen schwarzen Kopf. Früher gab es viele Maikäfer. Heute sind sie selten geworden.

der Mais

Mais wird überall auf der Welt als Nutzpflanze angebaut. Er dient als Nahrungsmittel für uns Menschen, als Viehfutter und zur Energiegewinnung. Die Maiskolben wachsen an dicken Stängeln, die höher werden können als ein erwachsener Mann. An jedem Kolben sitzen hunderte von goldgelben Maiskörnern.

die Malve

Diese Pflanze wächst auf vielen Wiesen und an Wegrändern. Ihre Blüten sind weiß, rosa oder violett. Aus den Blättern und Stängeln kann man Tees und Badezusätze herstellen.

die Majonäse

Diese dickflüssige Sauce schmeckt zu Pommes frites, Grillfleisch und Salat. Majonäse besteht hauptsächlich aus Eigelb, Öl, Wasser und Gewürzen.

der Majoran

Majoran ist ein Kraut, das unter anderem zum Würzen von Fleisch und Kartoffelgerichten verwendet wird.

die Makrele

Makrelen sind Meeresfische. Sie bilden große Schwärme und leben meist in der Nähe der Küste.

das Mammut

Mammuts waren Elefanten mit einem wolligen Fell, langen Rüsseln und riesigen, gebogenen Stoßzähnen. Früher haben sie in kalten Gegenden gelebt. Heute gibt es keine Mammuts mehr. Sie sind vor ungefähr 10000 Jahren ausgestorben.

Malta

Zur Republik Malta gehören die drei Mittelmeerinseln Malta, Gozo und Comino. Die Hauptstadt Valletta liegt auf der Insel Malta.

der Mammutbaum

Mammutbäume zählen zu den größten Bäumen der Welt. Sie können mehr als 100 Meter hoch werden. Die Riesenbäume stammen aus Amerika, werden aber auch in Europa angepflanzt.

M

die Mandarine

Diese Zitrusfrucht sieht aus wie eine kleine Orange. Ihr süßes, saftiges Fruchtfleisch ist in mehrere Schnitze unterteilt. Mandarinen haben eine dicke, nicht essbare Schale.

die Mandel

Diese längliche Steinfrucht steckt in einer harten Schale, die man nicht essen kann. Besonders köstlich schmecken in Zucker gebrannte Mandeln. Aus Mandeln stellt man auch Marzipan her.

die Mandeln

Die Mandeln sind kleine Organe in deinem Mund und Rachen. Sie sorgen dafür, dass keine Krankheitskeime eindringen. Wenn die Rachenmandeln entzündet sind, hast du Schmerzen beim Schlucken.

die Mango

Diese große Steinfrucht wächst in warmen Ländern. Unter ihrer rötlich-gelben Schale steckt das köstliche, süße Fruchtfleisch. Die Schale und den Kern der Mango kann man nicht essen.

der Marathon

Bei einem Marathonlauf legen die Sportler eine Strecke von mehr als 40 Kilometern zurück. Es gibt Marathonläufe für Berufssportler und solche, an denen jeder teilnehmen kann.

der Marder

Marder sind kleine Raubtiere. Sie leben im Wald, in Scheunen und auf Dachböden. Am liebsten fressen sie Mäuse und Vögel. Manchmal klettern sie auch unter die Motorhauben von Autos und knabbern dort Kabel durch.

die Margerite

Diese Blume hat einen gelben Blütenkopf inmitten einer weißen Blüte. Margeriten sind beliebte Gartenpflanzen.

der Marienkäfer

Diesen Käfer erkennst du an den schwarzen Punkten auf seinen roten Flügeln. Es gibt verschiedene Marienkäfer-Arten mit unterschiedlich vielen Punkten. Sie sind nützlich, denn sie fressen die schädlichen Blattläuse.

die Marionette
Eine Marionette ist eine Puppe mit beweglichen Armen und Beinen. An jedem Körperteil sind Fäden befestigt. Wenn man an den Fäden zieht, bewegt sich die Puppe. Ein guter Marionettenspieler kann die Puppen ganz lebendig wirken lassen.

der Mauersegler
Dieser kleine Vogel kann tagelang durch die Luft segeln, ohne zwischendurch zu landen. Mauersegler haben braunschwarze Federn und bauen ihre Nester am liebsten an senkrechten Wänden zwischen Felsen und Mauersteinen.

das Marzipan
Diese süße Leckerei gibt es in vielen verschiedenen Formen, zum Beispiel als Marzipankartoffel oder Marzipanschweinchen. Marzipan wird aus Zucker und Mandeln hergestellt und steckt auch in vielen Kuchen.

der Maulesel/ das Maultier
Ein Maulesel ist das Kind einer Eselstute und eines Pferdehengstes. Beim Maultier ist es umgekehrt: Es hat eine Pferdestute als Mutter und einen Eselhengst als Vater.

die Masern
Wenn du diese ansteckende Krankheit hast, leidest du unter hohem Fieber und Hautausschlag. Manchmal kommen weitere Beschwerden hinzu. Mit einer Impfung kann der Arzt dich vor einer Ansteckung mit dem Masern-Erreger schützen.

der Maulwurf

Maulwürfe verbringen fast ihr ganzes Leben unter der Erde. Sie graben mit ihren Schaufelhänden weit verzweigte unterirdische Gänge. An den oberirdischen Ausgängen dieser Tunnel entstehen Maulwurfshügel.

der Matrose
Ein Matrose oder Seemann hat seinen Arbeitsplatz auf einem Schiff. Dort kümmert er sich zum Beispiel um die Technik und die Sicherheit an Bord oder um die geladene Fracht.

M

die Maus

Dieses Wort hat mehrere Bedeutungen: 1. Mäuse sind kleine Nagetiere, die fast überall auf der Welt leben. Sie haben schwarze Knopfaugen und kleine runde Ohren. 2. Eine Computermaus ist ein kleines Gerät, das durch ein Kabel oder über Funk mit dem Computer verbunden ist. Wenn man die Maus über den Schreibtisch bewegt, steuert man damit den Mauszeiger auf dem Computerbildschirm.

der Mäusebussard

Dieser große Greifvogel frisst am liebsten Mäuse – daher sein Name. Wenn er eine Maus entdeckt, stürzt er aus der Luft herab und packt sie. Der Mäusebussard hat bräunliche Federn und einen gebogenen Schnabel.

Mazedonien

Dieses Land liegt im Südosten von Europa. In Mazedonien gibt es viele hohe Berge und große Seen. Die Hauptstadt ist Skopje.

der Mechaniker

Mechaniker bauen und reparieren technische Geräte wie Autos oder Flugzeuge. Weil immer mehr Maschinen elektronisch gesteuert werden, bezeichnet man Mechaniker heute oft als Mechatroniker. Dieses Wort verbindet die Begriffe Mechanik und Elektronik.

das Meer

Die großen Weltmeere oder Ozeane bedecken die Erde zwischen den Kontinenten. In manchen Gegenden nennt man das Meer auch die See. Im Meer leben Säugetiere, Fische, Muscheln, Schnecken und Quallen. Weil das Meerwasser salzig ist, eignet es sich nicht als Trinkwasser für uns Menschen.

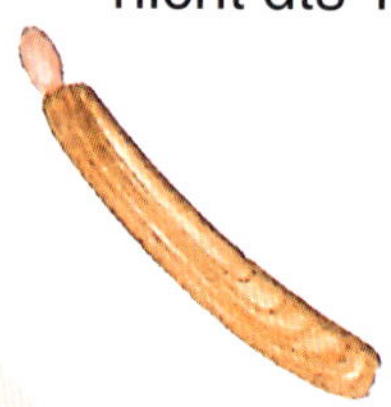

das Meerschweinchen

Dieses kleine Nagetier ist ein beliebtes Haustier. Meerschweinchen fühlen sich nur in Gesellschaft von Artgenossen wohl. Es gibt Glatthaar-Meerschweinchen und solche mit krausem Fell.

das Mehl

Wenn man Getreide fein mahlt, entsteht Mehl. Aus diesem Pulver backt man Brot und Kuchen.

die Meise

Diesen kleinen Singvogel erkennst du an seinem mehrfarbigen Gefieder. Meisen kommen in fast jedem Garten vor. Ihre Nester bauen sie am liebsten zwischen Mauersteinen oder in Baumhöhlen.

die Melisse

Diese Pflanze wird wegen ihres Zitronengeruchs auch als Zitronenmelisse bezeichnet. Sie wächst am Waldrand und in vielen Gärten. Man verwendet sie als Küchengewürz und als Heilmittel gegen Bauchschmerzen.

die Melone

Es gibt viele verschiedene Melonenarten, zum Beispiel Wassermelonen und Honigmelonen. Die runden Früchte können so groß werden wie ein Medizinball. Je nach Sorte schmeckt das Fruchtfleisch eher wässrig oder fruchtig-süß.

das Metall

Viele Alltagsgegenstände bestehen aus Metall – etwa Messer, Getränkedosen und Werkzeuge. Für die Herstellung von Schmuck verwendet man seltene und kostbare Metalle wie Gold und Silber. Andere bekannte Metalle sind Aluminium, Eisen und Stahl.

Mexiko

Dieses Land liegt in Nordamerika zwischen dem Atlantischen und dem Pazifischen Ozean. Die mexikanische Landschaft ist von vielen Bergen und Vulkanen geprägt. Die Hauptstadt heißt Mexiko-Stadt.

das Mikrofon

Ein Mikrofon wandelt Geräusche in elektrische Signale um. Man kann damit Musik und Stimmen aufnehmen oder mithilfe eines Lautsprechers ihre Lautstärke verändern.

M

die Milch

Milch ist die erste Nahrung neugeborener Säugetiere. Auch Menschenbabys trinken in den ersten Lebensmonaten Milch aus der Brust ihrer Mutter. Für größere Kinder und Erwachsene gibt es fertig abgepackte Milch zu kaufen. Sie stammt meist von Kühen. Aus Milch werden auch viele Nahrungsmittel wie Butter, Joghurt und Käse hergestellt.

die Milchstraße

So nennt man ein helles Band, das nachts am Himmel zu sehen ist. Die Milchstraße besteht aus unzähligen Sternen, die sehr weit von der Erde entfernt sind.

die Mirabelle

Diese kleine gelbe Steinfrucht schmeckt herrlich süß. Mirabellenbäume wachsen in vielen Gärten.

das Mittelalter

Das Mittelalter war ein Zeitabschnitt, in dem Könige und Fürsten herrschten und die Kirche sehr mächtig war. Damals zogen viele Ritter in den Krieg. Das Mittelalter liegt nun schon viele hundert Jahre zurück.

die MMS

Wenn du mit dem Handy Bilder oder Filme verschickst, benutzt du die MMS-Funktion. Diese Abkürzung steht für „Multimedia Messaging Service“ (multimedialer Nachrichten-Dienst). Die Nachricht selbst wird entweder als MM (Multimedia Message) oder als MMS bezeichnet.

die Mohnblume

Mit ihrer zarten roten Blüte sieht die Mohnblume wunderschön aus. Sie wächst auf Feldern und am Straßenrand. Wenn man eine Mohnblume pflückt, fallen kurz darauf die Blütenblätter ab.

der Molch

Molche gehören zu den Lurchen (Amphibien). Sie sehen ähnlich aus wie Frösche, haben aber lange Schwänze und meist gepunktete Haut. Molche leben in der Nähe von Gewässern und ernähren sich von Insekten und Würmern.

der Mönch
So nennt man einen Mann, der im Kloster wohnt. Mönche halten sich streng an die Vorschriften ihrer Religion und leben ohne Frauen und Kinder.

der Mond
Der Mond ist ein Himmelskörper, der um einen Planeten kreist. Unser Mond braucht für eine Runde um die Erde ungefähr einen Monat.

Der Mond selbst leuchtet nicht, aber er wird von der Sonne angestrahlt. Wie viel wir von ihm sehen, hängt von seiner Stellung am Himmel ab. Oft ist vom Mond nur eine schmale Sichel sichtbar. Nur bei Vollmond leuchtet er groß und rund.

das Moor
In einem Moorgebiet ist der Boden feucht und sumpfig. Hier musst du gut aufpassen, damit du nicht in den weichen Boden einsinkst.

das Moos
Moose sind kleine Pflanzen, die auf Waldböden, Baumstämmen und Felsen wachsen. Sie bilden große, flache Polster, die wie grüne Teppiche aussehen.

der Mops
Dieser kleine, kräftige Hund hat stämmige Beine und ein faltiges Gesicht. Möpse spielen gerne und verstehen sich meist gut mit Kindern.

das Motorrad
Ein Motorrad ist ein Zweirad, das von einem Motor angetrieben wird. Die Sitzbank bietet hinter dem Fahrer meist Platz für einen Beifahrer. Weil Motorradfahren sehr gefährlich ist, muss man dabei immer einen Helm und Schutzkleidung tragen.

die Motte
Motten sind kleine Schmetterlinge. Weil ihre Raupen gerne Essensvorräte und Kleider fressen, sind sie bei uns Menschen nicht sehr beliebt.

M

die Möwe

Möwen sind große Vögel, die hauptsächlich an den Meeresküsten leben. Sie können fliegen und schwimmen. Möwen ernähren sich von Insekten, Fischen und Krebsen.

der MP3-Player

Mit diesem Gerät kann man Musikstücke anhören, die auf Datenträgern gespeichert sind. Die sogenannten MP3-Dateien bieten einen besonders guten Klang. MP3-Player gibt es als tragbare Geräte und für zu Hause. Manche Geräte kann man zusätzlich als Adressbuch, Terminkalender und Wecker benutzen.

die Mücke

Mit diesem kleinen Insekt hast du bestimmt schon Bekanntschaft gemacht. Weibliche Stechmücken ernähren sich vom Blut anderer Tiere. Oft stechen sie uns Menschen und hinterlassen einen juckenden Stich. Die Männchen leben von Pflanzensäften.

die Mühle

Eine Mühle mahlt Getreidekörner zu Mehl. Früher haben Wind und Wasser die Mühlsteine in Bewegung gesetzt. Heute werden die meisten Mühlen elektrisch betrieben.

die Müllabfuhr

Die Müllabfuhr holt den Abfall ab, der in jedem Haushalt anfällt. Der Inhalt der Mülltonnen wird in einen großen Müllwagen gekippt. Viele Stoffe wie Papiermüll, Glas und Dosen werden anschließend wiederverwendet. Nur der Restmüll landet auf der Mülldeponie oder wird verbrannt.

die Mumie

So nennt man einen Leichnam, der durch eine besondere Behandlung

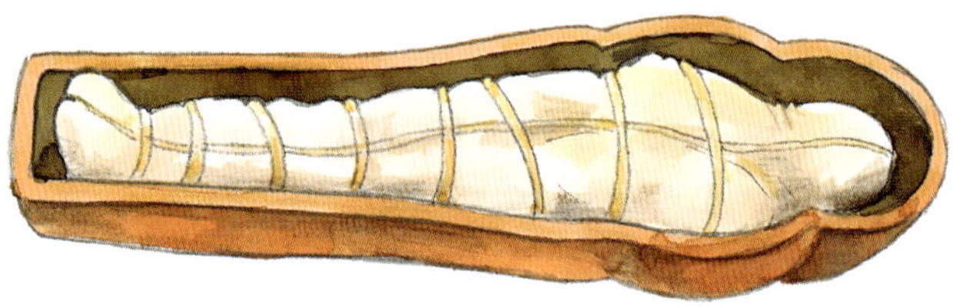

haltbar gemacht wurde. Im alten Ägypten hat man die Toten einbalsamiert und in Tücher gewickelt, damit sie nicht verwesen. Andere Völker entwickelten ähnliche Verfahren, um den Verfall der Körper aufzuhalten.

der Mumps

Diese ansteckende Krankheit äußert sich durch Fieber und eine geschwollene Ohrspeicheldrüse. Manchmal befällt sie auch andere Körperteile. Gegen den Mumps-Erreger kann man sich impfen lassen.

- **der Mund**

Den Mund brauchen wir zum Essen, Trinken und Sprechen. Außerdem drückt er unsere Stimmung aus – zum Beispiel wenn wir lachen, schmunzeln oder Grimassen schneiden.

- **das Murmeltier**

Dieses Nagetier hat dichtes, plüschiges Fell und fühlt sich in kühlen Gegenden am wohlsten. Murmeltiere leben in unterirdischen Bauen.

- **die Muschel**

Muscheln sind kleine Weichtiere, die auf dem Meeresgrund leben. Ihr weicher Körper steckt in einer festen, schützenden Schale. Wenn eine Muschel abstirbt, wird die Schale oft an den Strand gespült.

- **das Museum**

In einem Museum sind Kunstwerke und andere besondere Dinge ausgestellt. Man kann dort zum Beispiel Nachbildungen von ausgestorbenen Tieren betrachten oder sehen, mit welchen Werkzeugen die Menschen früher gearbeitet haben.

- **der Muskel**

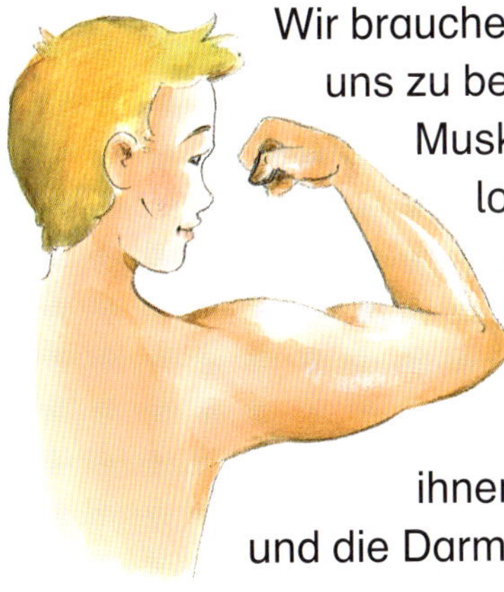

Wir brauchen unsere Muskeln, um uns zu bewegen. Wenn wir die Muskeln anspannen oder locker lassen, können wir damit die verschiedenen Körperteile steuern. Es gibt auch Muskeln, die von selbst arbeiten. Zu ihnen gehören der Herzmuskel und die Darmmuskeln.

- **der Muskelkater**

Nach besonderen Anstrengungen tun uns manchmal die Muskeln weh. Dieser Muskelkater ist harmlos und verschwindet nach einigen Tagen wieder.

N

der Nabel

Dort, wo dein Bauchnabel liegt, war früher die Nabelschnur angewachsen. Diese Schnur versorgt Menschenbabys und viele andere Säugetiere im Mutterleib mit allem, was sie zum Wachsen brauchen. Kurz nach der Geburt wird die Nabelschnur durchtrennt. Dann bleibt nur der Bauchnabel übrig.

die Nacht

Tag und Nacht entstehen, weil die Erde sich um ihre eigene Achse dreht. Während es auf der einen Erdhälfte taghell ist, fällt auf die andere Seite kein Sonnenlicht. Dort ist es Nacht.

die Nachtigall

Nachtigallen sind kleine Singvögel, die sich gern im Gebüsch oder am Waldrand aufhalten. Mit ihren graubraunen Federn sehen sie ganz unscheinbar aus, doch ihr Gesang ist wunderschön.

der Nadelbaum

So nennt man einen Baum mit schmalen, nadelförmigen Blättern, zum Beispiel eine Tanne oder eine Fichte. Die meisten Nadelbäume sind immergrün und werfen ihre Nadeln im Winter nicht ab.

das Nagetier

Zu den Nagetieren gehören unter anderem Biber, Mäuse, Eichhörnchen und Meerschweinchen. Ihre scharfen Schneidezähne wachsen ständig nach. Auf der ganzen Erde gibt es mehr als 3000 Nagetier-Arten.

Namibia

Dieses Land liegt im Süden von Afrika. In Namibia gibt es große Wüsten und viele Berge. Die Hauptstadt ist Windhoek.

die Narkose

Bei einer Narkose gibt der Arzt dir ein Betäubungsmittel, damit du keine Schmerzen spürst. Das ist zum Beispiel bei einer Operation nötig. Während der Narkose bekommst du nicht mit, was geschieht. Nach der Operation wachst du wie aus tiefem Schlaf auf.

- **die Narzisse**

Diese beliebte Gartenblume blüht im Frühjahr. Narzissen mit gelben Blüten bezeichnet man als Osterglocken. Es gibt auch Narzissen, die in anderen Farben blühen.

- **die Nase**

Deine Nase nimmt die unterschiedlichsten Gerüche wahr – den Duft von frisch gebackenem Kuchen genauso wie den Mief stinkender Socken. Durch die Nase kannst du auch ein- und ausatmen. Bei einer Erkältung schwillt die Nasenschleimhaut an, und du bekommst Schnupfen.

- **das Nashorn**

Dieses Säugetier ist ungefähr so groß wie ein mittleres Auto. Es gibt verschiedene Nashorn-Arten, die in Afrika und Asien leben. Jedes Nashorn hat ein Horn auf der Nase, bei manchen Arten sind es sogar zwei.

- **das Navigationsgerät**

Ein Navigationsgerät ist über Funk mit Satelliten verbunden, die um die Erde kreisen. Es lotst seinen Benutzer zu jedem gewünschten Ort auf der Erde.

- **der Neandertaler**

Neandertaler waren kleine, kräftige Menschen, die vor vielen tausend Jahren gelebt haben. Ihren Namen verdanken sie einem Tal in Nordrhein-Westfalen, in dem man erstmals Spuren von ihnen gefunden hat.

- **der Nebel**

Nebel entsteht, wenn sich winzige Wassertröpfchen in kühler Luft verdichten. Dann kann man oft nur ein paar Meter weit sehen. Sobald die Sonne scheint, löst der Nebel sich wieder auf.

- **die Nelke**

Dieses Wort hat mehrere Bedeutungen: 1. Die Nelke ist eine Gartenblume, die in unterschiedlichen Farben blüht. Es gibt auch solche mit zweifarbigen Blüten.
2. Die Gewürznelke ist die getrocknete Blütenknospe eines Baumes. Sie duftet stark, schmeckt scharf und wird zum Würzen von Fleischgerichten und Weihnachtsgebäck verwendet.

N

der Nerv
Dein ganzer Körper ist von feinen Nervenfasern durchzogen. Sie leiten alles, was du hörst, siehst oder schmeckst, zum Gehirn weiter. Auch wenn du dir weh tust, sind die Nerven für die Schmerzwahrnehmung zuständig.

das Nest
Vögel brüten ihre Eier in Nestern aus, die sie aus Laub, Erde und Zweigen bauen. Oft legen sie die Nester in den Astgabeln von Bäumen oder zwischen Mauersteinen an. Wenn die Küken aus den Eiern geschlüpft sind, bleiben sie noch eine Zeit lang im Nest, bis sie fliegen können.

Neuseeland
Zu diesem Land gehören zwei große und zahlreiche kleinere Inseln im Pazifischen Ozean. In Neuseeland gibt es Pinguine, Kiwis und Papageien. Die Hauptstadt heißt Wellington.

Niederlande
Dieses kleine europäische Land liegt an der Nordsee. Die Landschaft ist ganz flach, Deiche schützen sie vor Überschwemmung. Oft werden die Niederlande auch als Holland bezeichnet. Die Hauptstadt ist Amsterdam.

die Niere
Dieses Organ reinigt das Blut und sorgt dafür, dass Fremdstoffe und überschüssiges Wasser ausgeschieden werden. Wir Menschen haben normalerweise zwei Nieren. Man kann aber auch mit nur einer Niere leben.

das Niesen
Beim Niesen holst du blitzschnell Luft und stößt sie durch Mund und Nase wieder aus. Der Niesreiz kann zum Beispiel durch staubige Luft oder durch eine Erkältung ausgelöst werden.

der Nikolaus
In vielen Ländern feiern die Menschen am 6. Dezember den Nikolaustag. Wenn du am Abend vorher deine Stiefel vor die Tür stellst, werden sie über Nacht mit Lebkuchen, Mandarinen und anderen Gaben gefüllt. Oft kommt der Nikolaus auch in die Kindergärten und Schulen, um die Kinder für ihre guten Taten zu loben. In manchen Gegenden hat er den Knecht Ruprecht als Helfer dabei.

das Nilpferd

Nilpferde leben in Afrika an Flüssen und Seen. Man bezeichnet sie auch als Flusspferde. Sie verbringen die meiste Zeit im Wasser und gehen nur zum Grasen an Land. Ein Nilpferd wiegt fast so viel wie ein Elefant.

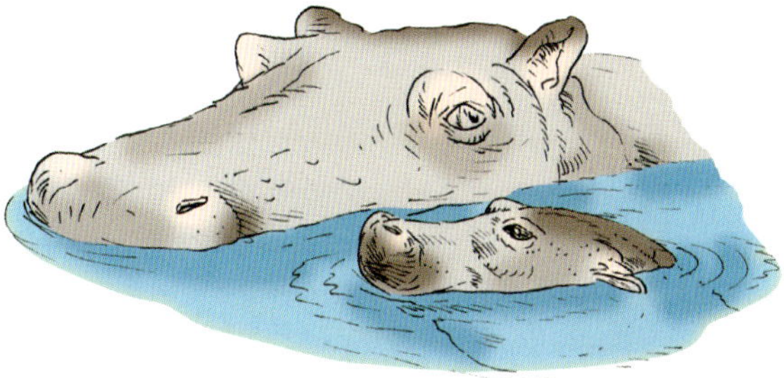

die Nixe

Dieses Fabelwesen kommt in vielen Märchen vor. Nixen leben im Wasser und sehen vom Kopf bis zum Bauch aus wie normale Frauen. Anstelle von Beinen haben sie aber einen langen Fischschwanz.

der Nomade

Nomaden sind Menschen, die ihr Leben lang von einem Ort zum anderen ziehen. Sie haben keinen festen Wohnsitz und führen oft Tiere mit. Früher gab es überall auf der Welt Nomadenvölker. Heute sind sie seltener geworden.

die Nonne

So nennt man eine Frau, die in einem Kloster lebt. Nonnen halten sich streng an die Regeln ihrer Religion.

der Nordpol

Er ist der nördlichste Punkt der Erde und liegt im Nordpolarmeer tief unter einer dicken Eisschicht. In seiner frostigen Umgebung leben Eisbären, Robben und Polarwölfe.

Norwegen

In diesem nordeuropäischen Land gibt es viele Berge, Seen und Wasserfälle. Die Hauptstadt von Norwegen ist Oslo.

die Note

Dieses Wort hat mehrere Bedeutungen: 1. Musiknoten sind kleine Zeichen, mit denen man Melodien aufschreiben kann. Sie geben die Höhen und Längen der einzelnen Töne an. 2. In der Schule gibt es Noten von 1 („sehr gut“) bis 6 („ungenügend“). Damit bewerten die Lehrer die Leistungen der Schüler.

die Nudel

Nudeln sind Teigwaren, die meist aus Weizengrieß und Eiern bestehen. Es gibt sie in vielen verschiedenen Formen. Wenn man getrocknete Nudeln kauft, muss man sie vor dem Essen kurz in sprudelndem Wasser kochen.

O

das Obst

Beim Obst unterscheidet man Beeren (zum Beispiel Heidelbeeren und Johannisbeeren), Kernobst (Äpfel oder Birnen) und Steinobst (beispielsweise Kirschen und Pfirsiche). Die meisten Obstsorten schmecken köstlich und sind sehr gesund.

die Oase

Oasen sind kleine fruchtbare Stellen in der Wüste. Hier sorgt eine Wasserquelle dafür, dass viele Pflanzen wachsen. Oasen sind auch für die Menschen wichtig, die in der Wüste unterwegs sind. Sie können dort ihre Tiere tränken und die Wasserspeicher auffüllen.

das Ohr

Mit unseren Ohren können wir unterschiedliche Geräusche hören. Mit den Ohrmuscheln wird der Schall aufgefangen und trifft im Innenohr auf das Trommelfell. Im Innenohr liegt auch ein Organ, das uns hilft, das Gleichgewicht zu halten.

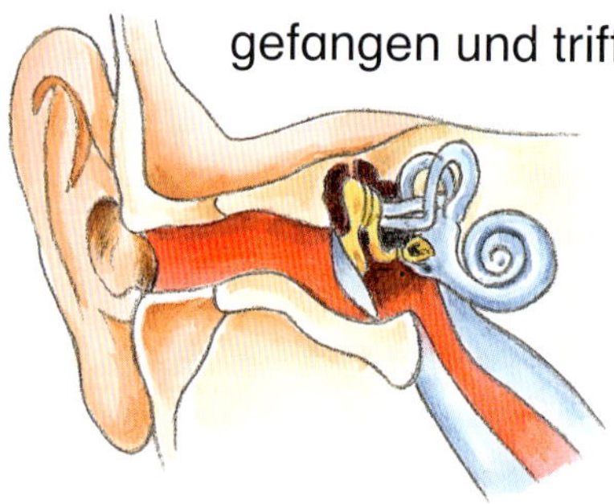

die Oboe

Dieses Blasinstrument hat einen dunklen, weichen Klang. Die Tonlöcher der Oboe können mit Metallklappen geöffnet und geschlossen werden. Das Mundstück besteht aus einem Metallröhrchen mit einem aufgesetzten Holz, das der Oboist fest mit seinen Lippen umschließt.

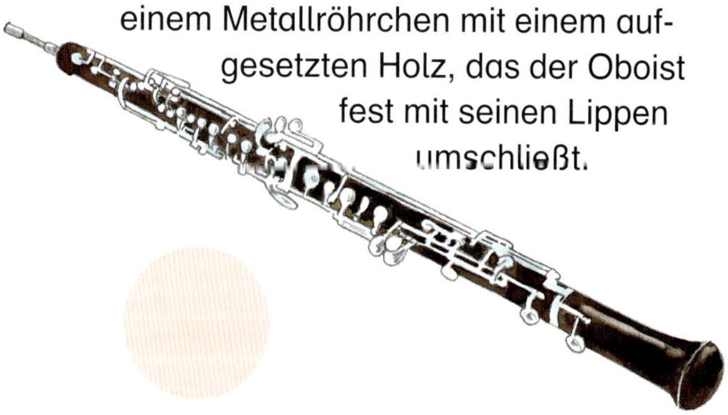

der Ohrwurm
Dieses Wort hat mehrere Bedeutungen: 1. Ohrwürmer sind längliche Insekten mit Flügeln. Früher glaubte man, dass sie in die Ohren von Menschen kriechen. Das stimmt aber nicht, Ohrwürmer sind völlig harmlos. 2. Als Ohrwurm bezeichnet man auch ein Musikstück, das einem nicht mehr aus dem Kopf geht.

das Öl
Öl ist ein wichtiger Teil der menschlichen Ernährung. Besonders beliebt sind Pflanzenöle aus Oliven, Sonnenblumenkernen und Disteln. Aber nicht nur wir Menschen brauchen Öl. Auch viele Maschinen müssen regelmäßig geölt werden. Dafür verwendet man Schmierstoffe, die aus Erdöl hergestellt werden.

die Olive
Oliven sind kleine Steinfrüchte, die in warmen Ländern an Olivenbäumen wachsen. Vor dem Essen muss man sie eine Zeit lang in Wasser oder Öl einlegen. Oliven schmecken fruchtig und leicht bitter. Man presst daraus das schmackhafte Olivenöl.

die Oper
Bei einer Oper führen Sänger ein Bühnenstück auf. Alle Texte werden gesungen und von einem Orchester begleitet. Auch das Gebäude, in dem ein solches Singspiel stattfindet, wird als Oper bezeichnet.

die Operation
Bei manchen Krankheiten und Verletzungen muss der Arzt eine Operation durchführen. Er entfernt dann zum Beispiel kranke Organteile oder setzt Nägel ein, damit ein gebrochener Knochen wieder zusammenwächst. Meist bekommt der Patient vor der Operation eine Narkose, damit er keine Schmerzen spürt.

O

- **der Optiker**
Wenn du kurzsichtig oder weitsichtig bist, bekommst du vom Augenoptiker eine Brille angepasst. Er schleift die Gläser und setzt sie in das Brillengestell ein, das du dir ausgesucht hast.

- **die Orange**
Diese Zitrusfrucht ist nach ihrer Farbe benannt. In manchen Gegenden wird die Orange auch als Apfelsine bezeichnet. Sie hat eine dicke, nicht essbare Schale und süßes, saftiges Fruchtfleisch.

- **der Orang-Utan**
Orang-Utans sind große Affen. Sie haben zotteliges, rotbraunes Fell und leben in Indonesien. Mit ihren langen Armen können sie mühelos von einem Baum zum nächsten klettern. Ihr Futter besteht hauptsächlich aus Früchten und Blättern. Manchmal fressen sie auch kleine Tiere.

- **das Orchester**
In einem Orchester spielen viele Musiker mit unterschiedlichen Instrumenten zusammen.

- **der Oregano**
Dieses Kraut wächst überall dort, wo es warm und trocken ist. Mit Oregano würzt man zum Beispiel Pizza, Lammfleisch und Gemüse.

- **die Orgel**
Dieses Musikinstrument besteht aus vielen unterschiedlich großen Orgelpfeifen und einer Tastatur. Wenn man die Tasten drückt, pustet ein Blasebalg Luft durch die Pfeifen. Dadurch entstehen die Töne. Orgeln werden vor allem in christlichen Kirchen eingesetzt.

O

der Orkan

Ein Orkan ist ein heftiger Sturm. Er kann Bäume umknicken und Gegenstände durch die Luft wirbeln. Wenn draußen ein Orkan tobt, bleibst du am besten zu Hause.

der Oviraptor

Dieser kleine Dinosaurier lebte vor ungefähr 80 Millionen Jahren. Der Oviraptor hatte einen lang gezogenen Körper und trug auf dem Kopf einen knöchernen Kamm.

das Ostern

Ostern zählt zu den wichtigsten Festen der christlichen Kirche. Dabei feiern die Gläubigen die Auferstehung von Jesus Christus. Die Kinder freuen sich an Ostern vor allem über die bunten Eier, die überall versteckt sind. Wenn du am Ostersonntag früh aufstehst, findest du bestimmt welche.

der Ozean

Ozeane sind die sehr großen Meere zwischen den Kontinenten. Deshalb werden sie auch als Weltmeere bezeichnet. Es gibt den Atlantischen, den Pazifischen und den Indischen Ozean sowie den Südlichen und Arktischen Ozean.

Österreich

Dieses kleine Land liegt mitten in Europa. In Österreich gibt es viele hohe Berge. Die Hauptstadt ist Wien.

das Ozon

Das Ozon ist ein Gas, das für den Menschen schädlich ist. Es entsteht vorwiegend im Sommer durch die Abgase der Autos. In der Atmosphäre über der Erde schützt das Ozon uns Menschen jedoch vor den gefährlichen Strahlen der Sonne.

P

- **das Paar**
  Zwei Dinge, die zusammenpassen, sind ein Paar. So sind zwei passende Schuhe ein Paar. Auch Menschen bilden Paare. Wenn Mann und Frau ineinander verliebt sind, sind sie ein Pärchen.

- **das Packeis**
  Wenn sich Eisschollen übereinander schieben, entsteht Packeis. Packeis kann sehr dick werden und die Schifffahrt stören.

- **Pakistan**
  Pakistan ist ein Land im Süden Asiens. Seine Nachbarn sind Afghanistan, Iran, China und Indien. Seine Küste liegt am Arabischen Meer. Ein großer Teil Pakistans ist Wüste. Pakistans Hauptstadt ist Islamabad.

- **die Palme**
  Diese Bäume wachsen in heißen Ländern. Eine Palme hat keine Äste. Ganz oben an der Spitze der Palme wachsen große Blätter aus dem Stamm, die man Palmwedel nennt. Viele Palmen tragen essbare Früchte, zum Beispiel die Dattelpalme oder die Kokospalme.

- **der Panda**
  Der schwarzweiße Bär lebt in China. Am liebsten verspeist er Bambus. Pandabären sind sehr selten geworden. Damit die Tiere nicht aussterben, stehen sie unter Schutz.

- **der Panter**
  Ein Panter ist ein schwarzer Leopard. Dieses Raubtier lebt in Afrika und in Asien. Der Panter jagt in der Nacht Gazellen, Schakale oder Wildschweine.

- **der Papagei**
  Dieser Vogel lebt nur in tropischen Ländern. Viele Papageienarten haben farbenfrohe Federn und können sehr gut Worte und Töne nachahmen, sodass es klingt, als könnten sie sprechen.

- **das Papier**
  Papier ist ein Material, auf dem du etwas schreiben oder drucken kannst. Es wird aus Holzfasern hergestellt.

der Pate
In der christlichen Religion ist ein Pate ein Zeuge der Taufe. In der Kirche hält er das Kind über das Taufbecken. Der Pate verspricht zu helfen, wenn sein Patenkind in Not gerät.

die Pappel
Diesen schnellwachsenden Baum findest du im Wald oder am Flussufer. Du erkennst die Pappel vor allem an ihren Blüten, den Kätzchen. Sie hängen als kleine, weiche Zapfen von den Ästen. Aus dem Holz der Pappel wird Papier hergestellt.

die Pauke
Dieses Schlaginstrument besteht aus einem kugeligen Kupferkessel, der mit einer Tierhaut bespannt ist. Wenn der Paukist die Pauke schlägt, ertönt ein mächtiger tiefer Klang.

die Paprika
Die milden Früchte dieser Pflanze sind entweder rot, gelb oder grün. Sie werden gekocht als Gemüse oder roh im Salat gegessen. Die scharfen Schoten hingegen dienen zum Würzen von Speisen, auch in Form von Pulver.

der Papst
Der Papst ist das Oberhaupt der katholischen Kirche. Für die Katholiken ist er der Nachfolger des heiligen Petrus und Stellvertreter von Jesus Christus auf der Erde.

der Pavian
Dieser Affe lebt in Afrika und Arabien. Du kannst einen Pavian gut an seiner langen Schnauze erkennen. Da Paviane am Po keine Haare haben, leuchtet ihr Hinterteil rot, besonders bei den Weibchen.

P

der Pekinese

Der Pekinese ist ein sehr kleiner Hund mit langem Fell. Seine Schnauze wirkt ein bisschen eingedrückt. Diese Hunderasse war schon vor sehr langer Zeit im chinesischen Kaiserreich beliebt. Dort wurde er auch Palasthund genannt.

der Pelikan

Ein Pelikan ist ein großer Schwimmvogel. Wenn er nach Fischen jagt, schöpft er sie mit dem Schnabel aus dem Wasser. Am unteren Teil seines Schnabels hat er einen dehnbaren Hautsack, mit dem er auch größere Fische schlucken kann.

der Pelz

Wenn ein Tierfell zu einem Mantel verarbeitet wird, nennt man das Fell nicht mehr Fell, sondern Pelz. Viele Menschen finden es nicht gut, ein Tier wegen seines Fells zu töten. Deshalb sind sie gegen das Tragen von Pelzen.

der Penis

Alle Jungen haben einen Penis, der mit dem Hoden das männliche Geschlechtsorgan bildet. Über den Penis können die Jungen beim Pinkeln ihre Blase leeren. Der erwachsene Mann kann damit auch Kinder zeugen, wobei der Samen aus dem Hoden über den Penis in die Scheide der Frau gelangt.

die Perle

Echte Perlen werden in Muscheln gebildet und bestehen aus Perlmutt. Es gibt aber auch Perlen aus Edelsteinen, aus Holz, Glas, Metall oder Kunststoff. Du kannst sie auf einen Faden aufziehen und daraus schöne Ketten machen.

das Perlhuhn

Ihren Namen haben die Perlhühner von den weißen Punkten auf dem ansonsten schwarzgrauen Gefieder. Perlhühner wurden schon von den alten Ägyptern als Haustiere und Nahrungslieferanten gehalten.

die Perserkatze

Die Perserkatze ist eine beliebte Hauskatze. Du erkennst sie an ihrem langen Fell, den großen Augen und ihrem kleinen Stupsnäschen. Perserkatzen sind sehr verschmust und lassen sich auch gut in Wohnungen halten.

P

Peru
Peru ist ein Land in Südamerika mit der Hauptstadt Lima. In Peru gibt es ein großes Gebirge, die Anden, einen Urwald und die trockenste Wüste unserer Erde. Das Land grenzt im Westen an den Pazifischen Ozean.

die Petersilie
Die Petersilie ist ein beliebtes Gewürz und Heilkraut. Frisch gezupft und gewaschen kommt sie in Suppen, Salate und Soßen. Es gibt glatte und krause Petersilie.

der Pfarrer
Der Pfarrer steht einer Kirchengemeinde vor. Er hält die Predigt im Gottesdienst, tauft Kinder und führt Hochzeiten und Beerdigungen durch.

der Pfau
Dieser Vogel ist wegen seiner prächtigen Schwanzfedern berühmt. Du kannst ihn im Zoo oder in Parks bewundern. Wenn der Pfau um ein Weibchen wirbt, stellt er seine Schwanzfedern zu einem fächerförmigen Rad auf.

der Pfeffer
Der Pfeffer ist ein scharf schmeckendes Gewürz. Je nachdem, wann es gepflückt wird, sieht das Pfefferkorn grün, schwarz oder weiß aus. Am häufigsten ist der schwarze Pfeffer.

die Pfefferminze
Aus dem Öl der Blätter dieser Heil- und Gewürzpflanze werden Arzneimittel, Zahnpasta, Parfum sowie Getränke und Süßigkeiten hergestellt. Aus den Blättern kannst du Tee zubereiten.

der Pfeil
Der Pfeil ist eine der ältesten Jagdwaffen des Menschen und häufig mit einer Spitze aus Knochen oder Feuerstein versehen. Er wird mit dem Bogen verschossen. Manche Völker, wie die Amazonasindianer, benutzen dafür ein Blasrohr. Ein Pfeil kann aber auch als Zeichen verwendet werden. So zeigt er beispielsweise auf Verkehrsschildern die Richtung an.

P

das Pferd

Pferde sind Huftiere und fressen Gras und Hafer. Sie stammen vom Wildpferd ab, das in der Steppe lebte. Früher wurden Pferde in der Landwirtschaft als Arbeits- und Lasttiere eingesetzt. Heute werden sie als Reit- oder Rennpferde genutzt.

der Pfiff

Mit einem Pfiff kannst du andere auf etwas aufmerksam machen. Bestimmt kennst du den Schiedsrichter mit seiner Trillerpfeife oder die Signalpfeife bei einer Lokomotive. Mit etwas Übung kannst du auch auf zwei Fingern oder einem Grashalm pfeifen.

der Pfifferling

Der Pfifferling gehört zu den Speisepilzen. Er ist gelblich und sieht ein bisschen wie eine Trompete aus. Pfifferlinge wachsen im Wald besonders gerne in der Nähe von Fichten. Beliebt ist der Pfifferling in Soßen und zu Wildgerichten.

das Pfingsten

Am Pfingstfest feiern Christen das Ende der fünfzigtägigen Osterzeit. Das Fest gilt auch als Geburtstag der christlichen Kirche. Die Bibel berichtet, wie der Heilige Geist über die Jünger kam und sie in allen Sprachen der Welt Jesus Lehren verkündeten.

der Pfirsich

Der Pfirsich gehört zum Steinobst. Das bedeutet, dass sich unter dem süßen gelben Fruchtfleisch ein kleiner holziger Kern befindet. Pfirsiche brauchen ein warmes, sonniges Klima zum Wachsen.

das Pflaster

Dieses Wort hat mehrere Bedeutungen: 1. Ein Pflaster soll kleine Wunden und Schrammen abdecken, damit sie besser heilen und kein Schmutz in die Wunde kommt. 2. Mit Pflaster bezeichnet man den Straßenbelag, zum Beispiel das Kopfsteinpflaster in alten Stadtteilen.

die Pflaume

Diese süßen, saftigen Früchte können gelb, rot oder auch blau sein, und es gibt ganz runde und eiförmige Pflaumen. Du kannst aus ihnen Kompott und Marmelade kochen oder Kuchen backen.

P

der Pflug

Mit diesem Arbeitsgerät gräbt der Bauer den Ackerboden um. Dadurch wird das Feld für die Aussaat von Getreide vorbereitet. Früher spannte der Bauer ein Pferd vor den Pflug. Heute wird der Pflug von großen Traktoren gezogen.

die Pfote

Die Pfote ist bei Hunden, Katzen und vielen anderen Tieren, was bei dir Hände und Füße sind. Statt Fingern und Zehen hat eine Pfote weiche bis harte Ballen, und wo bei dir die Nägel wachsen, haben Hunde und Katzen ihre Krallen.

die Pfütze

In einer Pfütze sammelt sich nach einem Regenguss das Wasser. Vögel mögen Pfützen, um sich darin zu baden, zu trinken oder um Schlamm für ihr Nest zu holen.

der Pilot

Der Pilot steuert ein Flugzeug. Damit übernimmt der Pilot sehr viel Verantwortung. Er muss sehr schwere Prüfungen bestehen, bevor er ein Flugzeug fliegen darf.

der Pilz

Pilze sind Lebewesen ganz eigener Art. Sie wachsen im Wald. Doch den größten Teil des Pilzes siehst du nicht, er besteht aus verzweigten Fäden im Waldboden. Es gibt essbare und giftige Pilze.

der Pinguin

Dieser Meeresvogel lebt in den kalten Meeren auf der Südhalbkugel unserer Erde. Obwohl der Pinguin ein Vogel ist, kann er nicht fliegen. Dafür ist er aber ein sehr guter Schwimmer.

der Pirat

Ein Pirat ist ein Seeräuber, auch Freibeuter genannt. Früher gingen sie mit großen Segelschiffen auf Kaperfahrt, überfielen fremde Schiffe und raubten vor allem Gold und Silber. Auch heute noch gibt es Piraten. Sie sind mit schnellen Motorbooten unterwegs und kapern Frachtschiffe.

P

der Planet

Ein Planet ist ein Himmelskörper, der nicht von allein leuchtet. Er umkreist aber einen leuchtenden Stern, wie zum Beispiel unsere Sonne. Die Planeten unseres Sonnensystems sind: Merkur, Venus, Erde, Mars, Jupiter, Saturn, Uranus und Neptun.

die Planierraupe

Mit dieser Maschine kann man eine Fläche einebnen, damit man sie anschließend bebauen kann. Planierraupen haben vorne einen Stahlschild, mit dem sie die Erde wegschieben können. Sie fahren auf Ketten.

die Plastik

Eine Plastik ist ein Kunstwerk, das ein Bildhauer aus Holz, Stein, Ton oder anderen Materialien formt.

Polen

Dieses europäische Land ist unser östlicher Nachbar. Es grenzt außerdem an Litauen, Weißrussland, die Ukraine, die Slowakei und Tschechien. Polen hat eine lange Küste an der Ostsee. Seine Hauptstadt ist Warschau.

der Politiker

Ein Politiker ist ein Mensch, der eine Idee hat, wie alle Menschen gut zusammenleben können. Mit seiner Idee stellt er sich zur Wahl. Menschen, die seine Idee gut finden, wählen den Politiker. Politiker gehören meistens einer Partei an. Die Partei vertritt gemeinsam ihre Ideen gegen andere Parteien.

das Plastik

Dieses Material heißt auch Kunststoff und wird meistens aus Bestandteilen des Erdöls hergestellt. Es kann hart, aber auch weich sein. Man kann aus Plastik Flaschen, Spielzeug, Plastiktüten und vieles mehr machen.

der Polizist

Ein Polizist passt auf, dass die Gesetze eingehalten werden und kümmert sich um die Sicherheit und Ordnung in der Gesellschaft.

P

die Pommes frites
Pommes frites sind in Fett gebackene Kartoffelstäbchen. Besonders gut schmecken Pommes frites mit Ketchup oder Majonäse.

die Posaune
Dieses Blasinstrument aus Blech sieht aus wie eine Trompete mit zwei u-förmigen Röhren. Die Tonhöhe veränderst du, indem du in die Posaune bläst und eine der Röhren ein- und ausziehst.

das Pony
Ein Pony ist ein kleines Pferd. Wenn du reiten lernen willst, ist ein Pony dafür gut geeignet. Die bekanntesten Ponys sind die Shetland- und Islandponys.

die Preiselbeere
Die Preiselbeere ist eine kleine rote Frucht, die an Sträuchern wächst. Du findest sie vor allem im Spätsommer in Wäldern. Sie schmeckt sehr säuerlich. Deshalb werden Preiselbeeren mit Zucker zu Marmelade oder Kompott eingekocht.

der Pony
Wenn du deine Haare an der Stirn gerade abschneidest, dann hast du einen Pony.

das Porzellan
Aus diesem weißen Material werden Vasen, Geschirr oder auch Zierfiguren gemacht. Dafür wird Porzellanerde, Feldspat und Quarz zu einem Brei gemischt, geformt und gebrannt. Die Herstellung von Porzellan wurde vor 1400 Jahren in China erfunden.

der Protoceratops
Dieser Dinosaurier lebte vor ungefähr 70 Millionen Jahren und bewegte sich auf vier stämmigen Beinen fort. Im Nacken hatte er einen Schild aus Knochen. Sein Maul erinnert an einen Papageienschnabel.

P

das Publikum
Das Publikum sind die Zuhörer oder Zuschauer einer Vorführung, zum Beispiel eines Kinofilms, eines Theaterstücks oder eines Konzerts.

der Puls
Der Puls ist eine regelmäßige kleine Bewegung einer Schlagader. Wie schnell die Pulsader pulst, hängt davon ab, wie schnell dein Herz schlägt. Du kannst deinen Puls sehr gut am Handgelenk, an den Schläfen oder am Hals fühlen.

der Puma
Dieses Raubtier lebt in Nord- und Südamerika. Der Puma wird auch Berglöwe genannt. Er kann sehr gut klettern und springen. Pumas erbeuten Tiere fast jeder Größe, vom Elch über Waschbären bis zu Ratten.

das Puzzle
Bei einem Puzzle legst du die einzelnen Puzzleteile zu einem Gesamtbild zusammen. Ein Puzzleteil passt immer nur an einer bestimmten Stelle. Du musst also beim Puzzlen sehr geschickt sein und Geduld haben.

die Pyramide
Eine Pyramide ist ein Bauwerk mit vier Seiten, die dreieckig sind und schräg nach oben spitz zusammenlaufen. Die alten Ägypter bauten Pyramiden als Gräber für ihre Könige. Die Indios in Südamerika bauten Pyramiden für ihren Gottesdienst.

der Python
Diese Riesenschlange erstickt ihre Beute, indem sie sie umschlingt. Anschließend verschluckt der Python sein Opfer in einem Stück. Pythons leben in Afrika, Asien und in Australien.

Q

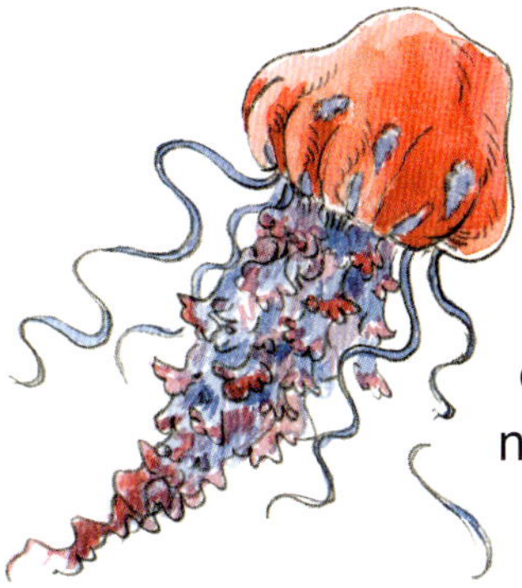

die Qualle
Dieses Meerestier ist sehr glibberig, denn es besteht fast nur aus Wasser. Quallen lassen sich im Wasser von der Strömung treiben. Sie fressen Plankton oder kleine Fische, die sie mit ihren Fangarmen fangen.

der Quark
Dieser Frischkäse wird aus Milch gemacht. Er schmeckt süß als Obstquark. Du kannst ihn aber auch mit Schnittlauch und Kartoffeln essen.

das Quartett
Dieses Wort hat mehrere Bedeutungen:
1. Ein Quartett ist ein Kartenspiel. Ziel des Spiels ist es, vier Karten zu bekommen, die thematisch zusammenpassen.
2. Ein Quartett ist aber auch eine Gruppe von vier Musikern, die mit ihren Instrumenten zusammenspielen. Auch das Musikstück für vier Musiker wird als Quartett bezeichnet.

die Quelle
Wasser, das auf natürliche Weise aus der Erde sprudelt, ist eine Quelle. Eine Quelle kann man als Brunnen nutzen. Oft wird aus einer Quelle ein Bach. Aus kleineren Quellbächen entsteht ein Fluss.

die Querflöte
Dieses Blasinstrument aus Blech hat Klappen und erzeugt einen schönen, warmen Klang. Eine Querflöte hältst du quer zum Körper. Anders als bei einer Blockflöte bläst du nicht direkt in das Flötenrohr, sondern leicht über das Anblaseloch hinweg.

die Quitte
Die Quitte ist eine gelbe Frucht mit einer haarigen Haut. Du kannst Quitten nicht roh essen. Dafür schmecken sie gekocht sehr gut, zum Beispiel als Marmelade oder Quittenbrot.

das Quiz
Bei diesem Fragespiel musst du schnell die richtige Antwort wissen. Bei einem Quiz trittst du meistens gegen andere Kandidaten an.

R

der Rabe
Dieser große, schwarze Vogel mit dem kräftigen Schnabel sitzt oft in großen Scharen in den Bäumen oder auf Äckern. An seinen Kräh-Kräh-Kräh-Rufen kannst du ihn leicht erkennen.

der Radicchio
Dieser Salat hat dunkelrote Blätter mit weißen Blattrippen. Er schmeckt etwas bitter.

das Radieschen
Dieses Gemüse wächst in der Erde. Die kleine rote Knolle ist im Inneren weiß und schmeckt scharf. Du kannst Radieschen in Scheibchen geschnitten im Salat oder auf dem Brot essen.

das Radio
Mit diesem Gerät kannst du ein Rundfunkprogramm, zum Beispiel Nachrichten oder Musik, hören. In einem Studio werden dazu die Töne über das Mikrofon in elektromagnetische Wellen umgewandelt. Der Radiosender strahlt diese Wellen über Sendemasten aus. Das Radio bei dir zu Hause empfängt die Wellen und verwandelt sie wieder in die ursprünglichen Töne.

der Radweg
Auf diesem Weg dürfen nur Fahrräder fahren. Wenn du unter acht Jahre alt bist, musst du auf dem Gehweg fahren. Wenn du mindestens zehn Jahre alt bist, ist das Fahren auf dem Radweg für dich Pflicht.

die Rakete
Eine Rakete ist ein Flugkörper mit einem sehr starken Antrieb, sodass sie von der Erde abheben kann. Dazu wird beim Zünden der Rakete auf einem Mal sehr viel Treibstoff verbrannt. Raketen transportieren Raumschiffe oder Forschungssatelliten ins All.

R

- **die Ratte**
  Dieses Nagetier ist ein Allesfresser und lebt überall auf der Welt. Der Schwanz der Ratte ist länger als ihr Körper. Ratten können Krankheiten übertragen. Deshalb sollte man sie nicht anfassen.

- **das Rebhuhn**
  Dieser Vogel ist etwa so groß wie eine Taube. Sein Federkleid ist rot-graubraun gefleckt. Die Flügel sind sehr klein. Heute sind Rebhühner selten geworden.

- **das Raumschiff**
  Mit einem Raumschiff können Astronauten durch das Weltall fliegen. Es ist luftdicht, damit die Kälte und die gefährliche Strahlung aus dem Weltraum nicht ins Innere eindringen können. Das Raumschiff hat Tragflächen und kehrt wie ein Flugzeug zur Erde zurück.

- **der Regen**
  Das Wasser der Regentropfen stammt ursprünglich aus Flüssen und Meeren. Es ist durch die Sonnenwärme verdunstet. Als Dampf steigt das Wasser hinauf in den Himmel und bildet Wolken. Wenn die Tröpfchen in den Wolken zu groß und schwer werden, fallen sie als Regen wieder auf die Erde.

- **der Regenbogen**
  Der farbige Regenbogen spannt sich über den Himmel, wenn es regnet und gleichzeitig die Sonne scheint. Bei einem Regenbogen wird das Licht der Sonne in den Regentropfen gebrochen und in seine einzelnen Farben zerlegt, sodass sie sichtbar werden.

- **die Raupe**
  Raupen entwickeln sich aus den Eiern der Schmetterlinge. Sie fressen viel und häuten sich mehrmals. Dann verpuppen sie sich, und nach einiger Zeit schlüpft ein Schmetterling aus der Puppe.

R

der Regenwald
Dieser wilde Wald wächst in heißen und feuchten Gebieten in Südamerika, Afrika und Asien. Im Regenwald leben etwa die Hälfte aller Tier- und Pflanzenarten, die es auf der Erde gibt, wie zum Beispiel große Schmetterlinge, Schlangen oder Affen.

der Regenwurm
Dieser nützliche kleine Wurm gräbt unterirdische Gänge und frisst abgestorbene Pflanzenteile. So lockert er den Erdboden auf und düngt gleichzeitig den Boden.

der Regisseur
Ein Regisseur ist der Spielleiter einer Theateraufführung. Er hat eine Idee, wie ein Stück aufgeführt werden soll. Er sucht die passenden Schauspieler aus und bestimmt das Bühnenbild, das Licht und die Musik. Auch beim Film, Fernsehen und im Radio leitet ein Regisseur die Aufnahmen.

das Reh
Dieses scheue Wildtier zeigt sich nur in der Dämmerung. Rehe haben ein braunes Fell und am Hinterteil einen weißen Fleck. Das männliche Reh trägt ein Geweih. Das junge Rehkitz hat zur Tarnung vor Feinden weiße Flecken.

der Reiher
Reiher haben lange Beine, einen langen, s-förmigen Hals und einen spitzen, langen Schnabel. Du kannst sie an flachen Seen und Sümpfen, manchmal auch auf Feldern sehen. Reiher fressen Fische, Frösche und Mäuse.

der Reis
Dieses Getreide wird auf stark bewässerten Feldern angebaut. Vor allem in Asien ist Reis das wichtigste Grundnahrungsmittel.

das Rennauto
Diese leichten und schnellen Autos sind nur für Autorennen zugelassen. Sie fahren über 300 Stundenkilometer schnell. In einem Rennwagen ist nur Platz für den Fahrer.

R

das Rennpferd
Diese Pferde nehmen an Pferderennen teil. Für diese Sportart sind nur sehr temperamentvolle Pferde, die sogenannten Vollblüter, geeignet.

der Riese
Riesen ähneln Menschen, sind aber besonders große Wesen, die vor allem in Märchen und Sagen vorkommen.

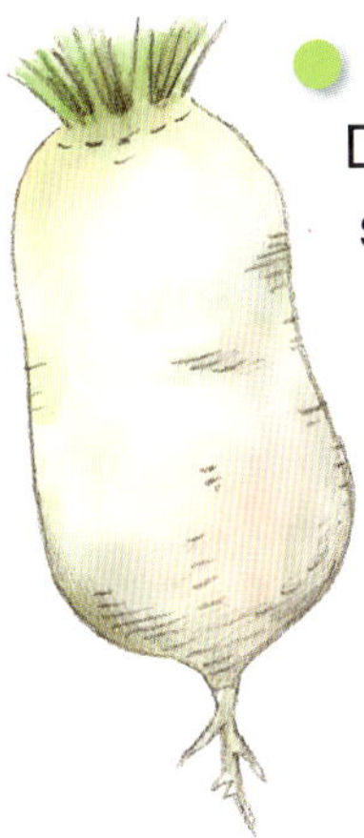

der Rettich
Der Rettich ist ein scharf schmeckendes Gemüse. Seine weiße Wurzel ist rund oder lang. Man ist ihn in Scheibchen geschnitten auf Brot. Mit etwas Salz bestreut schmeckt der Rettich nicht mehr so scharf.

das Rind
Hiermit bezeichnet man eine Gattung von Hornträgern, zu der auch unser Hausrind, die Kuh gehört. Andere Rinder sind zum Beispiel der Büffel, das Bison und das Jak.

der Rhabarber
Von diesem Gemüse kannst du nicht die großen Blätter, sondern nur die dicken, roten Blattstiele essen. Roh ist er sehr sauer. Aber mit etwas Zucker zu Kompott eingekocht oder im Kuchen schmeckt Rhabarber sehr lecker.

die Rinde
Die Rinde ist die äußere Haut eines Baumes. Sie schützt den Baum vor dem Austrocknen, vor Krankheiten und vor hungrigen Insekten. Sie ist je nach Baumart glatt oder zerfurcht.

R

die Ringelblume

Diese Blume erkennst du an ihren leuchtend orangefarbenen Blütenblättern. Aus ihren Blüten wird Ringelblumensalbe und Öl gemacht, mit kleine Wunden schneller heilen und spröde Haut geschmeidig wird.

die Robbe

Diese Meeressäugetiere leben vor allem in den kälteren Meeren im Süden und Norden der Erde. Eine dicke Speckschicht schützt sie gegen die Kälte. Robben kommen nur an Land, um sich aufzuwärmen und ihre Jungen zu gebären.

der Roboter

Ein Roboter ist eine Maschine. Sie wird von Computern gesteuert und erleichtert die Arbeit. So übernehmen zum Beispiel beim Bau von Autos Roboter viele Aufgaben wie Schweißen oder Montieren.

der Ritter

Ritter waren im Mittelalter Krieger zu Pferd. Für ihren Dienst bekamen sie von ihrem Herrn Land. Ein Ritter musste gehorsam, treu, tapfer und würdevoll sein sowie ein christliches Leben führen.

der Rochen

Der Rochen ist ein Knorpelfisch. Er ist platt wie ein Pfannkuchen und hat große Brustflossen, die mit dem Kopf verwachsen sind, und einen langen, spitzen Schwanz. Der Rochen ernährt sich von kleinen Meerestieren.

R

der Roggen
Roggen ist ein Getreide, das bei uns vorzugsweise im Winter angebaut wird. Roggenmehl wird zum Brotbacken verwendet.

die Rolltreppe
Diese Treppe fährt dich automatisch nach oben oder unten. Rolltreppen gibt es in U-Bahnhöfen und Kaufhäusern, also überall dort, wo viele Menschen unterwegs sind.

das Röntgenbild
Auf einem Röntgenbild kannst du sehen, wie deine Knochen im Inneren des Körpers aussehen, zum Beispiel ob ein Knochen gebrochen ist. Das Röntgenbild wird mit elektromagnetischen Strahlen gemacht.

die Rose
Diese edle Blume wird auch Königin der Blumen genannt. Rosen wachsen an Sträuchern und haben Stacheln. Sie blühen in vielen Farben, und viele Rosensorten duften. Eine rote Rose ist ein Symbol für die Liebe.

der Rosenkohl
der Rosenkohl sieht aus wie ein kleines Kohlköpfchen. Die walnussgroßen Röschen sind außen grün und innen weiß. Dieses Gemüse schmeckt manchmal ein bisschen bitter.

die Rosine
Rosinen sind getrocknete Weintrauben. Sie sind süß und braun und schmecken besonders lecker in Kuchen, Schokolade und im Müsli.

der Rosmarin
Rosmarin ist ein Strauch, dessen kleine schmale Blätter frisch oder getrocknet zum Würzen von Fleischgerichten verwendet werden.

die Rote Bete
Die knallrote Rübe wächst in der Erde. Dieses Gemüse kannst du roh im Salat oder gekocht essen. Rote Bete wird häufig auch mit Gewürzen in Essig sauer eingelegt.

R

das Rotkehlchen

Dieser kleine Singvogel verdankt seinen Namen den roten Brustfedern. Du kannst ihn in Sträuchern und Hecken, in Wäldern und Parkanlagen leicht entdecken.

der Rotkohl

Dieses Gemüse wird manchmal auch Rotkraut oder Blaukraut genannt. Rotkohl wird im Winter geerntet und als Beilage zu deftigen Fleischgerichten gegessen. Du kannst ihn aber auch roh als Salat essen.

das Rotwild

Diese Hirschart lebt in Wäldern und ernährt sich von Pflanzen, wie Eicheln, Baumrinde oder Kräutern. Das Fell des Rotwilds hat im Sommer eine braun-rote Farbe, im Winter ist sein Fell eher braun-grau. Rothirsche tragen ein mächtiges Geweih.

die Rübe

Die Rübe ist eine Pflanze mit einer verdickten Wurzel. Es gibt viele verschiedene Arten von Rüben, zum Beispiel die Karotte, die Zuckerrübe, den Rettich oder die Rote Rübe. Auch der Knollensellerie und die Pastinake sind Rüben.

der Rucola

Rucola ist die italienische Bezeichnung für eine Salatpflanze, die bei uns als Rauke bekannt ist. Rucola schmeckt leicht bitter und wird gerne mit anderen Salatsorten gemischt.

das Rudel

Wilde Tiere, die in einer Gruppe zusammenleben, bilden ein Rudel. Ein Rudel hat immer ein Leittier, das an der Spitze der Gruppe steht. Tiere, die in Rudeln zusammenleben, sind zum Beispiel Wölfe, Löwen oder auch Seehunde.

das Ruder

Mit dem Ruder werden Schiffe und Flugzeuge gesteuert. Es besteht aus einer drehbaren Fläche. Als Ruder bezeichnet man aber auch die Riemen zur Fortbewegung eines Ruderbootes.

die Ruine

Eine Ruine ist ein verfallenes oder zerstörtes Gebäude. Burg- und Schlossruinen sind sehr interessant, weil man an ihnen sehen kann, wie die Menschen früher gelebt haben.

Rumänien

Dieses südosteuropäische Land liegt am Schwarzen Meer. In Rumänien liegen die Karpaten. In diesem Gebirge leben noch viele seltene und wilde Tiere. Rumäniens Hauptstadt heißt Bukarest.

der Rundfunk

Die Übertragung von Radio- und Fernsehprogrammen wird Rundfunk genannt. Im Fernseh- oder Radiostudio werden die Bilder und die Töne in elektromagnetische Wellen umgewandelt. Diese Wellen werden über Sendemasten ausgestrahlt. Der Fernsehapparat oder das Radio verwandelt die Wellen wieder in Bilder und Töne.

Russland

Russland ist das größte Land der Erde. Es ist so groß, dass es an vierzehn Staaten grenzt. Ein Teil Russlands liegt in Europa, ein sehr großer Teil in Asien, jenseits des Flusses Ural. Dieser Teil heißt Sibirien. Die Hauptstadt von Russland ist Moskau.

S

die Saat

Dieses Wort hat mehrere Bedeutungen: 1. Zum einen meint Saat das Saatgut, also die Pflanzensamen, aus denen Pflanzen entstehen. 2. Das Aussäen der Samen wird ebenfalls als Saat bezeichnet. 3. Die Pflänzchen, die nach dem Säen aufgehen, werden auch als Saat bezeichnet.

der Saft

Saft ist ein Getränk, das aus Früchten oder Gemüse gemacht wird. Dazu wird die Flüssigkeit aus der Frucht oder dem Gemüse gepresst. Orangen kannst du auch ganz leicht selbst auspressen.

die Säge

Mit diesem Werkzeug kannst du Holz zerteilen. Das Sägeblatt ist aus Stahl und hat scharfe Sägezähne. Es gibt auch starke Motorsägen für Metall, Stein oder Kunststoff.

der Salamander

Dieser Schwanzlurch lebt in feuchten Wäldern. Nachts kommt er aus seinem Versteck hervor. Dann jagt er Schnecken, Würmer und kleine Insekten. Bekannt ist vor allem der Feuersalamander. Auf seiner schwarzen Haut leuchten gelbe Flecken.

der Salat

Dieses Wort hat mehrere Bedeutungen: 1. Mit Salat bezeichnet man verschiedene Blattsalate wie Kopfsalat, Feldsalat, Rucola oder Radicchio. 2. Von Salat spricht man auch, wenn diese Blattsalate mit Tomaten, Gurken, Mais und einer Soße vermischt sind. 3. Salate wie Kartoffelsalat, Wurstsalat oder Obstsalat enthalten gar keine Blattsalate.

der Salbei

Die Blätter dieser Pflanze werden als Gewürz und als Heilmittel verwendet. Salbei schmeckt besonders gut zu Fleischgerichten. Als Heilmittel in Form von Tee oder Pastillen hilft er gegen Halsschmerzen.

das Salz

Salz wird zum Würzen von Speisen verwendet. Es ist für Menschen und Tiere lebenswichtig. Unser Speisesalz wird aus Meerwasser oder aus Steinsalz gewonnen.

der Samen
Dieses Wort hat mehrere Bedeutungen:
1. Alle Pflanzen, die blühen, vermehren sich über Samen. Die Blüten dieser Pflanzen werden durch Pollen bestäubt und entwickeln sich so zu einer Frucht, die den Samen enthält. Fällt er auf die Erde, wächst daraus eine neue Pflanze.
2. Auch die männlichen Samenzellen, die eine Eizelle befruchten können, werden als Samen bezeichnet. Man sagt dazu auch Sperma.

der Sand
Sand besteht aus vielen winzig kleinen Steinchen. Diese kleinen Steinchen entstehen aus größeren Steinen, die durch Wind, Wasser und Reibung nach und nach abgeschliffen werden.

die Sanduhr
Mit einer Sanduhr kannst du die Zeit messen. Eine Sanduhr besteht aus zwei Glaskolben, die durch eine dünne Glasröhre miteinander verbunden sind. Im Inneren des einen Kolbens befindet sich feiner Sand. Stellt man die Sanduhr mit dem gefüllten Kolben nach oben auf, rieselt der Sand in den unteren Kolben. Das dauert eine bestimmte Zeit, zum Beispiel 5 Minuten bei einer Eieruhr. Dann kannst du die Sanduhr umdrehen.

der Sanitäter
Ein Sanitäter ist kein Arzt. Er hat aber eine medizinische Grundausbildung und weiß genau, was er tun muss, um im Notfall zu helfen oder Leben zu retten. Ein Sanitäter ist in einem Rettungswagen unterwegs.

Sankt Martin
Sankt Martin war ein römischer Soldat, der in einem bitterkalten Winter aus Mitleid seinen Mantel zerschnitt und ihn mit einem Bettler teilte. Jedes Jahr am 11. Dezember wird an den heiligen Martin mit einem Laternenumzug erinnert.

die Sardine
Dieser Meeresfisch hat einen langen, schlanken Körper. Er lebt in großen Schwärmen im Atlantik, im Mittelmeer und im Schwarzen Meer. Sardinen sind beliebte Speisefische.

S

der Satellit

Dieses Wort hat mehrere Bedeutungen: 1. Ein Satellit ist ein Himmelskörper, der einen Planeten in einer festen Umlaufbahn umkreist. Unser Mond ist der Satellit der Erde. 2. Auch zahlreiche künstliche Satelliten umkreisen die Erde. Sie werden mit Raketen in die Umlaufbahn geschossen und beobachten das Wetter oder übertragen Fernsehprogramme und Telefonate. Sie werden auch zur Navigation und zur Spionage eingesetzt.

das Saxophon

Dieses Blasinstrument hat einen Körper aus Metall, der geschwungen ist wie ein „S“. Das Saxophon ist besonders bei Jazzmusikern beliebt.

die S-Bahn

S-Bahn ist eine Abkürzung für Schnellbahn oder Stadtbahn. Mit ihr kannst du innerhalb der Stadt oder einer bestimmten Region rasch von einem Ort zum anderen kommen.

der Scanner

Ein Scanner ist ein elektrisches Gerät, mit dem Texte, Fotos und Bilder, die auf Papier gedruckt wurden, in einen Computer eingelesen werden. Beim Einkauf im Supermarkt werden heute die Preise an der Kasse mit Scannern erfasst.

das Schaf

Schafe werden seit langer Zeit von Menschen als Haustiere gehalten. Das Hausschaf liefert Milch und Fleisch. Aus der Milch wird Käse gemacht. Ihr Fell wird zur Schafwolle verarbeitet, und aus ihren Häuten macht man Leder.

der Schäferhund

Dieser braun-schwarze Hund ist ein beliebtes Haustier. Er ist ein guter Wachhund. In früheren Tagen hütete der Schäferhund vor allem Schafherden und beschützte sie vor wilden Tieren und Dieben. Heute hilft er vor allem Polizisten und Sanitätern bei ihren Einsätzen.

der Schatten

Wenn das Licht der Sonne oder einer Glühbirne von einer Seite auf dich trifft, bleibt es auf der anderen Seite deines Körpers dunkel. Das ist dein Schatten, der entsteht, weil sich das Licht hinter deinem Körper nicht ausbreiten kann.

die Schiene

Dieses Wort hat mehrere Bedeutungen: 1. Eisenbahnschienen bestehen aus Stahl und sind auf Schwellen aus Holz oder Beton befestigt. Zusammen bilden sie das Gleis, auf dem Schienenfahrzeuge fahren können.
2. Wenn du dir den Arm brichst, bekommst du eine Schiene aus Kunststoff. Sie wird mit einer Bandage befestigt, damit du den Arm nicht mehr bewegen kannst. So kann der Bruch besser heilen.

die Scheide

Mädchen haben eine Scheide. Sie ist Teil des weiblichen Geschlechtsorgans. Die Scheide ist eine Art innerer Schlauch, der mit der Gebärmutter, den Eierstöcken und den Eileitern verbunden ist. Bei der erwachsenen Frau kann beim Geschlechtsverkehr ein Ei durch den Samen des Mannes befruchtet werden. Durch die Scheide wird das Kind geboren.

das Schielen

Wenn du versuchst, auf deine eigene Nasenspitze zu gucken, musst du dabei schielen. Manche Menschen haben andauernd eine solche Fehlstellung der Augen. Sie schielen dabei nach innen oder nach außen.

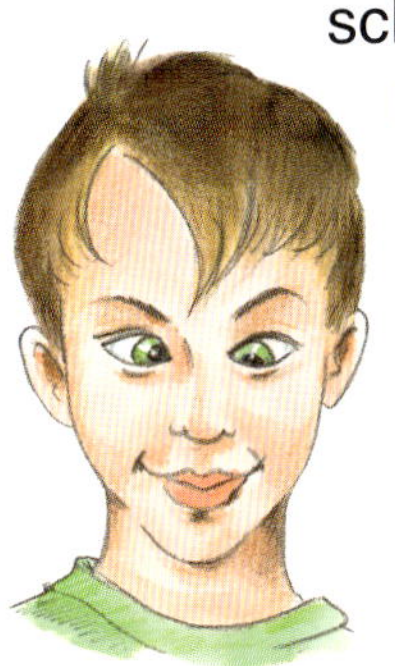

das Schiff

Ein Schiff ist ein großes Wasserfahrzeug zum Transport von Menschen und Waren. Früher gab es nur Ruder- und Segelschiffe, später Dampfschiffe. Heute werden Schiffe mit Motoren angetrieben.

S

die Schildkröte

Dieses Kriechtier hat einen Panzer aus Horn und Knochen, in den es sich bei Gefahr zurückzieht. Einige Schildkrötenarten leben an Land, andere im Wasser. Manche Schildkrötenarten können sehr groß und weit über 100 Jahre alt werden.

das Schilf

Dieses sehr hohe Gras wächst an den Ufern von Flüssen und Seen. Das Schilfrohr ist sehr fest und gleichzeitig biegsam. Mit Schilfrohr werden in manchen Regionen die Häuser gedeckt.

der Schimpanse

Dieser Menschenaffe ist mit uns Menschen sehr eng verwandt. Schimpansen leben in den Urwäldern Afrikas und können sehr gut klettern. Sie fressen vor allem Blätter und Früchte. Schimpansen sind sehr klug und lernen schnell.

der Schlaf

Wenn du schläfst, ruht sich dein Körper aus. Deine Muskeln entspannen sich und dein Atem wird langsamer. So bekommt dein Körper neue Energie.

das Schlagzeug

Zu einem Schlagzeug gehören unterschiedlich große Trommeln und Becken. Sie werden mit den Trommelstöcken geschlagen. In einer Musikgruppe gibt der Schlagzeuger mit seinem Spiel den Rhythmus vor.

die Schlange

Schlangen sind Kriechtiere, die sich seitwärts windend fortbewegen. Einige sind sehr giftig. Würgeschlangen ersticken ihre Opfer, indem sie sie umschlingen. Bei uns gibt es nur wenige Schlangen. Bis auf die Kreuzotter sind sie alle harmlos.

der Schlehdorn

Dieser Strauch mit dornigen Ästen blüht im Frühjahr weiß und trägt im Herbst kleine, dunkle Beeren. Diese Schlehenbeeren werden nach dem ersten Frost geerntet und zu Marmelade, Saft oder auch Likör verarbeitet.

die Schleie

Die Schleie ist ein Fisch, der am Grund von Teichen und Seen lebt. Wenn es der Schleie im Sommer oder im Winter zu heiß oder kalt wird, gräbt sie sich im schlammigen Boden ein. Sie ist ein schmackhafter Speisefisch.

die Schleuse

Mit diesem Bauwerk können Schiffe in einem Kanal oder Fluss verschieden hohe Wasserspiegel überwinden. Die Schleuse ist eine Art Kammer mit zwei Toren, die zwischen den verschiedenen Wasserständen liegt. Das Schiff fährt in die Schleuse ein. Durch Zupumpen oder Abpumpen von Wasser wird das Schiff auf die richtige Höhe gehoben oder abgesenkt und kann weiterfahren.

der Schlitten

Auf einem Schlitten kannst du auf Schnee den Hang hinunter fahren. Ein Schlitten ist aus Holz und hat keine Räder, sondern Kufen, die mit Eisen beschlagen sind. Es gibt auch Schlitten aus Kunststoff.

der Schlittschuh

Dieser Schuh hat an der Unterseite Kufen aus Metall. Mit etwas Übung kannst du auf Schlittschuhen herrlich über das Eis gleiten. Eiskunstläufer, Eisschnellläufer und Eishockeyspieler fahren auch auf Schlittschuhen.

der Schluckauf

Wenn du einen Schluckauf hast, zieht sich ein Atemmuskel, das sogenannte Zwerchfell, kurz und heftig zusammen. Gleichzeitig verschließt sich ein bestimmter Bereich in deinem Hals, die Stimmritze, die Lunge bekommt keine Luft mehr und du machst „Hicks!“.

die Schlüsselblume

Diese Blume blüht bei uns im Frühling auf Wiesen und in lichten Wäldern. Sie hat ihren Namen von der Anordnung der gelben Blüten, die einem Schlüsselbund ähnelt.

S

der Schmerz
Schmerz ist ein unangenehmes Gefühl und gleichzeitig ein Warnsignal. Du fühlst ihn, wenn du dich verletzt, aber auch, wenn etwas in deinem Körper nicht stimmt und du zum Arzt gehen solltest.

der Schmetterling

Dieses Insekt hat zwei Flügelpaare, die häufig bunt gemustert sind. Die buntesten und größten Schmetterlinge leben in Südamerika. Bei uns sind der Zitronenfalter, der Kleine Fuchs und das Tagpfauenauge weit verbreitet.

die Schnecke
Schnecken sind Weichtiere. Einige haben ein Gehäuse aus Kalk, in das sie sich zurückziehen, wenn sie ruhen oder Gefahr droht. Es gibt aber auch Nacktschnecken, die kein Gehäuse haben.

das Schneeglöckchen
Diese Blume blüht sehr früh im Jahr, wenn der erste Schnee schmilzt. Die weißen Blüten des Schneeglöckchens erinnern an kleine Glöckchen.

der Schneehase
Der Schneehase lebt in den Alpen. Im Winter ist sein Fell schneeweiß. Im Frühling wird sein Fell grau, im Sommer rotbraun. Auf diese Weise ist der Schneehase immer gut getarnt.

der Schnittlauch
Schnittlauch ist ein Kraut, das zum Würzen von Salat oder Quark verwendet wird. Ein Schnittlauchhalm ist wie ein feines Röhrchen.

der Schnorchel
Ein Schnorchel gehört zur Ausrüstung eines Tauchers. Er besteht aus einem Mundstück und einem Atemrohr. Mit einem Schnorchel kannst du den Kopf unter Wasser halten und durch das Atemrohr trotzdem atmen.

der Schnupfen
Bei Schnupfen ist deine Nasenschleimhaut entzündet. Sie sondert eine schleimige Flüssigkeit ab. Deine Nase ist verstopft und läuft.

die Schokolade

Diese Süßigkeit wird aus der Kakaopflanze gemacht. Dazu werden die Samen des Kakaobaumes geröstet und gemahlen. Das Pulver wird mit Zucker, Kakaobutter und Milchpulver vermischt.

die Scholle

Die Scholle ist ein Plattfisch, der im Atlantik, in der Nord- und Ostsee zu finden ist. Sie ist ein beliebter Speisefisch.

der Schraubenzieher

Mit diesem Werkzeug kannst du Schrauben einschrauben, festziehen und wieder lösen. Der Schraubenzieher wird auch oft Schraubendreher genannt.

die Schwalbe

Dieser Singvogel hat schmale Flügel und einen gegabelten Schwanz. Die Schwalbe erbeutet Insekten im Flug. Ihre Nester baut sie aus Schlamm und Stroh unter Dachgiebel. Schwalben sind Zugvögel, die im Winter nach Afrika ziehen.

der Schwamm

Ein Schwamm ist ein Tier, das in warmen Meeren lebt. Schwämme haben keine Organe, sondern ein Skelett aus Kalk mit vielen Hohlräumen. Getrocknete Schwämme werden als Badeschwämme benutzt.

der Schwan

Diesen großen Vogel erkennst du an seinem strahlend weißen Gefieder und dem langen, schlanken Hals. Schwanenpaare bleiben ihr ganzes Leben lang zusammen.

der Schwarzbär

Dieser Bär lebt in Nordamerika und in Asien. Der Asiatische Schwarzbär hat an seiner Brust ein wenig weißes Fell und wird daher auch Kragenbär genannt.

S

Schweden
Dieses nordeuropäische Land liegt zusammen mit Norwegen auf der Skandinavischen Halbinsel. Im Osten grenzt Schweden an die Ostsee, hoch im Norden hat es eine Grenze mit Finnland. Schwedens Hauptstadt heißt Stockholm.

das Schwein
Unser Hausschwein wird auf den Bauernhöfen zur Fleischerzeugung gehalten. Das weibliche Schwein heißt Sau, das männliche Eber. Die Jungen bezeichnet man als Ferkel.

Schweiz
Dieses europäische Land hat viele hohe Berge. Es liegt zwischen Deutschland, Österreich, Frankreich und Italien. Deshalb sprechen die Schweizer in den unterschiedlichen Regionen ihres Landes Deutsch, Französisch oder Italienisch. Die Hauptstadt ist Bern.

der Seehund
Der Seehund ist ein Säugetier. Er lebt vor allem in den nördlichen Meeren. Wenn ein Jungtier allein gelassen wird, ruft es laut nach seiner Mutter. Deshalb werden junge Seehunde auch Heuler genannt.

der Seeigel
Dieses Tier ist ein Meeresbewohner. Der Seeigel hat ein hohles, kugelförmiges Skelett aus Kalk, auf dem bewegliche Stacheln sitzen. Er ernährt sich vor allem von Algen, die er von den Felsen abweidet.

das Seepferdchen
Das kleine Seepferdchen ist ein Fisch. Seinen Namen hat es von der Kopfform, die an ein Pferd erinnert. Das Besondere am Seepferdchen ist, dass das Männchen die Eier ausbrütet. Dazu legt das Weibchen ihre Eier in die Bruttasche des Männchens.

die Seerose
Diese Wasserpflanze blüht im Sommer vor allem in Teichen und Seen. Auffällig sind ihre großen Schwimmblätter, die auf der Wasseroberfläche liegen.

der Seestern
Dieses Meerestier sieht aus wie ein stacheliger Stern. Die meisten Seesterne haben fünf, wenige auch sieben Arme.

die Seezunge
Die Seezunge ist ein Plattfisch, der im Mittelmeer und im Atlantik lebt. Tagsüber gräbt sich die Seezunge in den Sandboden am Meeresgrund ein. Nachts geht sie auf Jagd. Weil die Seezunge so besonders gut schmeckt, ist sie sehr teuer.

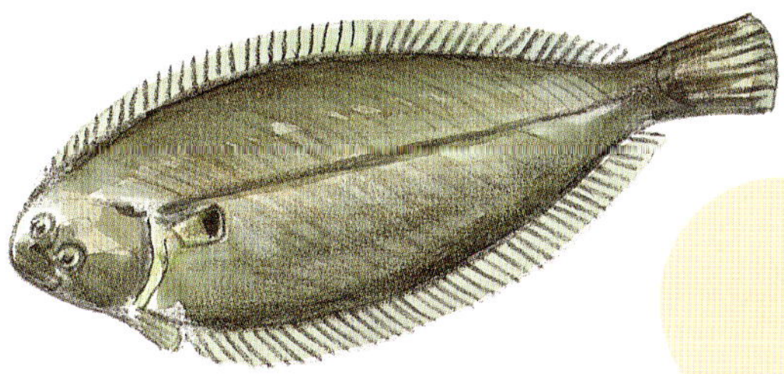

das Segelschiff
Dieses Schiff bewegt sich durch die Kraft des Windes. Der Wind drückt dabei gegen die Segel und treibt so das Schiff voran.

die Seilbahn
Eine Seilbahn bringt dich einen Berg bequem hinauf und wieder hinunter. In der Talstation steigst du in eine Gondel, die an einem dicken Stahlseil hängt. Ein starkes Zugseil zieht die Gondel zur Bergstation.

die Sekretärin
Eine Sekretärin arbeitet in einem Büro. Hier schreibt sie sehr viele Briefe und beantwortet das Telefon. Sekretärinnen übernehmen sehr viel Verantwortung. Sie kümmern sich darum, dass in einem Büro alles reibungslos läuft.

der Sellerie
Meistens ist mit Sellerie der Knollensellerie gemeint. Diese runde, würzige Rübe wächst in der Erde. Er ist eine beliebte Suppenzutat. Beim Staudensellerie werden nur die Blattstiele verwendet, in der Suppe oder roh im Salat. Die feinen Blätter des Schnittselleries nimmt man zum Würzen.

der Senf
Diese Paste wird aus den Körnern der Senfpflanze hergestellt. Es gibt milde Sorten Tafelsenf, aber auch sehr scharfe. Senf schmeckt vor allem zu Wurst sehr lecker.

der Siebenschläfer
Dieses kleine Nagetier erinnert an ein Eichhörnchen, ist aber viel kleiner und hat ein graues Fell. Er ist nachtaktiv und hat besonders große Augen. Weil der Siebenschläfer einen langen Winterschlaf einlegt, gab man ihm seinen Namen. Die Zahl „sieben" heißt in diesem Falle „sehr lang".

die Sense
Mit diesem Werkzeug wurden in früheren Zeiten auf dem Feld Gras und Getreide geschnitten. Die Sense besteht aus dem Sensenstiel und einer langen, gebogenen Klinge.

das Silber
Silber ist ein Edelmetall. Seine Farbe ist weiß-glänzend. Edelmetalle rosten gar nicht oder nur sehr langsam. Daher macht man daraus gerne Besteck oder Schmuck. Früher wurden auch Münzen aus Silber geprägt.

das Shetlandpony
Dieses Pony kommt ursprünglich aus England, wo es früher als Arbeitstier im Bergbau eingesetzt wurde. Das kleine, aber robuste Pferd eignet sich sehr gut, um Reiten zu lernen.

das Skateboard
Ein Skateboard ist ein Brett mit vier Rollen. Auf diesem Rollbrett kannst du mit etwas Geschick fahren, aber auch kleine Kunststücke machen

die Siamkatze
Diese schlanke Rassekatze erkennst du an ihren blauen, mandelförmigen Augen. Ihr Fell ist kurz und weiß. Schwanz und Ohren sind meistens dunkler gefärbt. Sie ist intelligent, neugierig und sehr eigenwillig.

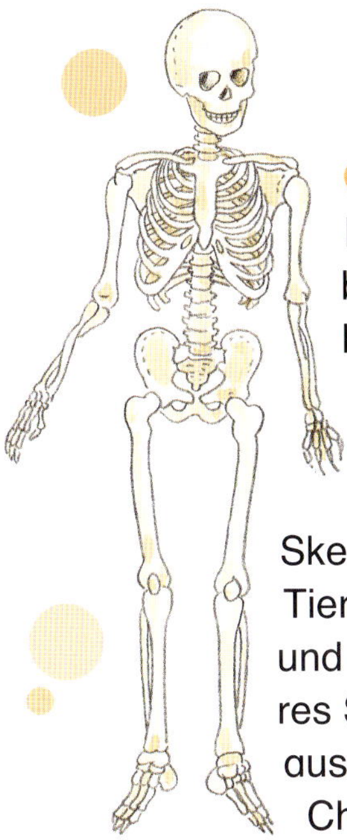

das Skelett

Das menschliche Skelett besteht aus etwa 206 Knochen, die im Inneren unseres Körpers sitzen und ihn stützen. Alle Wirbeltiere haben ein Skelett aus Knochen. Andere Tiere, zum Beispiel Insekten und Krebse, haben ein äußeres Skelett. Dieses besteht aus einer harten Schale aus Chitin.

der Ski

Auf diesen langen, schmalen Brettern kannst du auf Schnee fahren. Es gibt Abfahrtski, mit denen du den Hang hinuntersausen kannst. Die schmalen Langlaufski sind für den Lauf in der Ebene.

der Skorpion

Dieses Insekt lebt in warmen, trockenen Ländern und in den feucht-heißen Tropen. Mit ihren Scheren ergreifen sie ihre Beute, um sie dann mit ihrem Giftstachel am Schwanzende zu betäuben.

Slowakei

Dieses kleine europäische Land grenzt an Österreich, Tschechien, Polen, die Ukraine und Ungarn. Die Hauptstadt heißt Bratislava.

Slowenien

Dieses kleine europäische Land hat einen Zugang zum Mittelmeer und grenzt an Italien, Österreich, Ungarn und Kroatien. In Slowenien gibt es viele hohe Berge. Seine Hauptstadt ist Ljubljana.

SMS

SMS ist eine Abkürzung für „Short Message Service“. Übersetzt heißt das: Kurznachrichtendienst. Kurznachrichten kannst du auf einem Handy schreiben und an ein anderes Handy verschicken.

das Snowboard

Das Snowboard ist ein breites Skibrett, auf dem du mit beiden Beinen stehst. Geübte Sportler fahren auf dem Snowboard im Slalom den Berg hinunter oder vollführen Tricks in der Halfpipe.

S

das Soja
Die Sojapflanze ist eine Hülsenfrucht. Aus ihren Bohnen kann man Öl pressen oder auch eine Art Milch herstellen. Aus dieser Sojamilch wird Sojakäse gemacht, der Tofu genannt wird.

der Soldat
Soldaten sollen das Land schützen und gegen Angriffe von außen verteidigen. Sie tragen Uniformen und sind in Kasernen untergebracht. Sie sind Teil der Streitkräfte, die bei uns Bundeswehr genannt werden.

der Sommer
Der Sommer ist die wärmste Jahreszeit. Die Sommermonate sind die Monate Juni, Juli und August. Die Tage sind im Sommer sehr lang. Die Sonne geht früh auf und erst spät unter.

die Sonne
Unsere Sonne ist eine riesige glühende Gaskugel im Weltall und das Zentrum unseres Sonnensystems. Sie ist unvorstellbar heiß. Ihre Wärme und ihr Licht sind noch bei uns auf der Erde zu spüren. Doch ohne sie wäre unser Leben nicht möglich.

die Sonnenblume

Die Sonnenblume hat leuchtend gelbe Blütenblätter. Sie ist die größte Blume und wächst an einem langen, dicken Stängel. Der Kopf der Sonnenblume dreht sich im Laufe des Tages immer in die Richtung der Sonne. Aus den Samen, den Sonnenblumenkernen, wird das sehr gesunde Sonnenblumenöl gepresst.

der Sonnenschutz
Zuviel Sonne schadet deiner Haut, und du bekommst einen Sonnenbrand. Dagegen kannst du dich mit einem Sonnenhut, einer Sonnenbrille, Kleidung und Sonnencreme schützen.

Spanien
Spanien ist ein beliebtes Urlaubsland. Es liegt im Süden von Westeuropa zwischen Frankreich und Portugal. Spanien hat eine lange Küste zum Mittelmeer. Im Norden grenzt das Land an den etwas raueren Atlantik. Die Hauptstadt ist Madrid.

S

der Spargel
Spargel ist ein sehr leckeres Gemüse. Die weißen Spargelstangen wachsen unter der Erde und werden von Mai bis Juni mühsam von Hand geerntet. Grüner Spargel wächst oberirdisch.

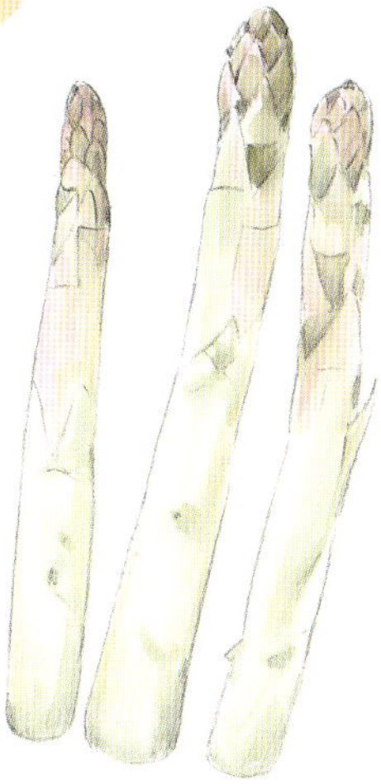

der Spaten
Mit diesem Werkzeug kannst du festen Boden leicht umgraben und lockern. Wenn der Boden sehr fest ist, kannst du das Spatenblatt mit dem Fuß in den Boden treten.

der Spatz
Der kleine grau-braune Singvogel ist eigentlich ein Sperling, wird aber gerne Spatz genannt. Er fühlt sich in der Nähe von Menschen wohl und ist fast überall auf der Welt zuhause.

der Specht
Dieser Vogel hat einen langen, spitzen Schnabel. Mit ihm hackt er Löcher in die Rinde von Baumstämmen, um Insekten zu finden und auch seine Nisthöhlen zu bauen. Dieses schnelle und laute Klopfen ist im Wald deutlich zu hören.

der Spiegel
Ein Spiegel besteht aus einer Glasplatte, die hinten mit Aluminium oder Silber beschichtet ist. Diese Schicht wirft das Licht zurück, und daher kannst du in einem Spiegel dein Spiegelbild sehen.

der Spinat
Dieses Gemüse hat kräftige grüne Blätter und ist sehr gesund. Den zarten Frühlingsspinat kannst du auch roh essen. Winterspinat wird gekocht.

die Spinne
Spinnen sind Tiere mit acht Beinen. Ihr Körper besteht aus zwei Abschnitten, dem Kopf- und Brustbereich, an dem die Beine sitzen, und dem größeren Hinterleib. Einige Spinnen weben Netze, um Insekten zu fangen. Andere greifen ihre Beute mit einem gezielten Sprung an. Alle Spinnen jedoch töten ihre Beute mit einem Giftbiss.

S

der Spion
Spione versuchen, im Auftrag eines Landes Informationen, Nachrichten oder Geheimnisse zu beschaffen. Sie arbeiten für den Geheimdienst oder Nachrichtendienst.

die Spritze
Mit einer Spritze kann dir der Arzt ein Medikament verabreichen oder dir Blut abnehmen. Dazu piekst der Arzt die Nadel in deine Haut oder direkt in die Vene.

der Spuk
Mit Spuk bezeichnet man unheimliche und unerklärliche Dinge, die man hört, aber nicht sieht. Zum Beispiel wenn Gespenster durch alte Schlösser geistern. Doch Gespenster gibt es nur in Filmen und Geschichten.

der Stachel
Ein Stachel ist hart und sehr spitz. Du kannst ihn an Pflanzen wie an Tieren entdecken. So hat zum Beispiel der Kaktus Stacheln, der Himbeerstrauch oder der Rosenbusch. Der Igel hat ein Fell aus Stacheln. Skorpione und Bienen haben Stachel zur Verteidigung.

die Stachelbeere
Diese säuerliche Frucht wächst an einem stacheligen Strauch. Die Stachelbeere ist grün, gelb oder rot und ein wenig behaart. Stachelbeeren schmecken roh oder als Marmelade oder im Kuchen.

der Stahl
Stahl ist ein sehr hartes Metall, das durch Schmelzen von Eisen gewonnen wird. Aus Stahl werden Messer, Töpfe, Werkzeuge, Stahlseile und Stahlträger und vieles mehr hergestellt.

der Star
Dieses Wort hat mehrere Bedeutungen: 1. Der Star ist ein Singvogel mit dunklen, glänzenden Federn und weißen Punkten. Er gehört zu den häufigsten Vögeln auf der Welt. 2. Berühmte Musiker, Schauspieler oder Sportler sind Stars. Star ist der englische Begriff für Stern. 3. Der graue und der grüne Star sind Augenkrankheiten.

der Stau

Wenn der Verkehr auf der Straße nicht mehr fließt oder die Autos sogar stillstehen, spricht man von einem Stau.

die Steinzeit

In dieser Zeit, vor mehr als zwei Millionen Jahren, fertigten die Menschen ihre Gerätschaften, Werkzeuge und Waffen aus Holz, Knochen und Stein. Die Menschen waren Jäger und Sammler und ernährten sich von allem, was sie in der Natur vorfanden.

der Stein

Ein Stein ist ein natürliches Bruchstück eines Felsens oder Berges. Edelsteine sind besonders schöne und seltene Steine. Sie werden zu Schmuck verarbeitet. Ziegelsteine werden aus Lehm oder Ton gebrannt. Diese Steine verwendet man beim Hausbau.

der Steinbock

Der Steinbock ist eine wild lebende Ziege. Er lebt im Gebirge und kann sehr gut springen und klettern. Auffällig am Steinbock sind vor allem seine großen, nach hinten gebogenen Hörner.

die Steppe

Eine Steppe ist eine große, trockene Ebene ohne Bäume. Stattdessen wachsen in der Steppe Gräser, Sträucher, Moose und Flechten. Im Sommer ist es dort sehr trocken und im Winter sehr kalt.

der Stern

Sterne sind riesige Gaskugeln im Weltall, die von selbst leuchten. Alle Lichtpunkte, die du am Himmel siehst, sind unendlich weit entfernt.

der Steinpilz

Dieser Pilz hat einen dicken, hellen Stängel und einen braunen Hut. Er duftet nach Walderde und schmeckt sehr lecker.

S

die Sternschnuppe
Sternschnuppen sind Leuchtspuren am Himmel. Sie entstehen, wenn kleine Gesteinsbrocken aus dem Weltraum in die Erdatmosphäre eindringen. Siehst du eine Sternschnuppe, darfst du dir etwas wünschen.

die Stewardess
Stewardess ist ein englisches Wort. Im Deutschen sagt man Flugbegleiterin. Sie betreut die Passagiere eines Flugzeugs.

der Stichling
Dieser kleine, unscheinbare Fisch hat seinen Namen von den Stacheln, die er auf dem Rücken hat. Bei den Stichlingen ist der männliche Fisch für den Nestbau und für die Pflege der Nachkommen zuständig.

der Stieglitz
Dieser kleine Singvogel wird auch Distelfink genannt, da er eine Vorliebe für die Samen der Distel hat. Den Stieglitz erkennst du an seinem auffälligen Federkleid: Um seinen Schnabel herum sind seine Federn rot, im Nacken schwarz und an den Flügeln leuchtend gelb und schwarz.

der Storch
Dieser große Vogel hat lange Beine, einen langen Hals und einen langen Schnabel. Er baut seine Nester auf die Dächer von Häusern, in die Wipfel von Bäumen und sogar auf Strommasten. Zum Überwintern zieht er nach Afrika.

das Stottern
Wer stottert, hat Probleme beim Sprechen. Er wiederholt Laute und Silben und hat Schwierigkeiten, ein Wort oder einen Satz zu Ende zu sprechen. Manchmal entsteht Stottern aber auch aus Aufregung. Das kann jedem von uns passieren.

die Straßenbahn
Die Straßenbahn fährt auf Schienen durch die Straßen der Stadt. Die allermeisten Straßenbahnen werden mit Strom angetrieben. Die Leitungen dafür hängen dann über den Gleisen.

der Strauß

Dieses Wort hat zwei Bedeutungen: 1. Der Strauß ist der größte Vogel auf der Welt. Allerdings kann er nicht fliegen, denn er ist zu schwer und seine Flügel sind zu klein. Er hat aber lange kräftige Beine, mit denen er schnell laufen kann. 2. Als Strauß bezeichnet man auch Blumen, die hübsch zusammengebunden sind.

das Streifenhörnchen

Dieses Nagetier sieht einem Eichhörnchen ähnlich. Auf seinem Fell kannst du aber deutlich schwarze und weiße Streifen erkennen, die sich über seinen Rücken ziehen. Streifenhörnchen leben vor allem in den Wäldern Nordamerikas.

das Stroh

Stroh sind trockene Getreidehalme. Mit Stroh werden die Böden von Kuh-, Pferde- oder Kaninchenställen ausgestreut. Aus Stroh kann man aber auch Matten oder Hüte flechten.

der Sturm

Wenn Wind sehr stark weht, handelt es sich um einen Sturm. Von einem Sturm wird ab Windstärke 9 gesprochen; der Wind ist dann etwa 100 Kilometer schnell. Der Sturm kann Dächer abdecken und Bäume umknicken.

die Stute

Die Stute ist ein weibliches Pferd. Wenn sie sich mit dem Hengst paart, bekommt sie ein Junges, das Fohlen. Auch die weiblichen Tiere der Kamele bezeichnet man als Stuten.

Südafrika

Dieses Land liegt an der südlichen Spitze von Afrika, wo der Atlantische und der Indische Ozean aufeinander treffen. Hier leben Menschen aller Hautfarben, doch die Mehrheit der Bevölkerung ist schwarz. Die Hauptstadt ist Pretoria.

der Sumpf

Wenn ein Boden unter Wasser steht und sehr schlammig ist, spricht man von einem Sumpf. Sümpfe findest du am Rand von Seen und an Flussufern. Hier fühlen sich Tiere und Pflanzen wohl wie Frösche, Sumpfschildkröte, Schilf oder Teichbinsen.

T

das Tamburin

Dieses Schlaginstrument ist eine kleine, flache Trommel mit Schellen am Rand. Auf einem Tamburin kannst du trommeln, dann erklingen auch die Schellen. Du kannst es aber auch mit der Hand schütteln. Dann sind nur die Schellen zu hören.

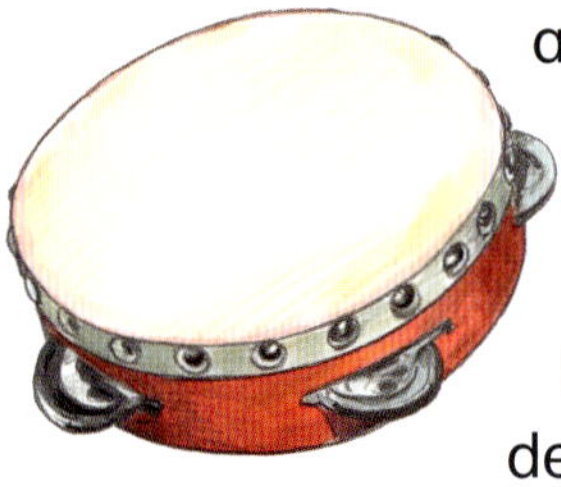

die Tanne

Dieser immergrüne Nadelbaum wächst in unseren Wäldern. Eine Tanne kannst du an ihren Tannenzapfen erkennen: Sie hängen nicht, sondern stehen aufrecht auf dem Zweig.

das Tandem

Auf diesem Fahrrad können zwei Leute, die hintereinander sitzen, gleichzeitig fahren. Beide treten in die Pedale, lenken kann jedoch nur derjenige, der vorne sitzt.

der Taschenrechner

Diese kleine Rechenmaschine passt in jede Tasche. Der Taschenrechner funktioniert elektronisch. Mit ihm kannst du sehr schnell auch komplizierte Rechenaufgaben lösen.

das Tau

Das Tau ist ein gedrehtes oder geflochtenes Seil. Es wird auch Tauwerk genannt.

der Tanklastzug

Diese Fahrzeuge transportieren Flüssigkeiten und Gase. Sie befinden sich in einem besonders gesicherten Behälter, dem Tank.

der Tau

Tau ist eine Feuchtigkeit, die sich vor allem im Sommer am Morgen auf der Wiese niederschlägt. Er entsteht im Laufe der Nacht, wenn sich der Boden schneller abkühlt als die Luft.

die Taube

Dieser Vogel ist auf der ganzen Welt verbreitet. Es gibt wilde Tauben und Haustauben. Brieftauben finden immer wieder nach Hause zurück. Sie werden für Flugwettbewerbe gezüchtet.

die Taufe

Die Taufe ist ein christliches Fest. Häufig lassen Eltern ihre kleinen Kinder taufen. Bei der Taufe versprechen sie, den Täufling im christlichen Glauben zu erziehen. Dabei wird die Stirn des Täuflings in der Kirche mit Wasser benetzt.

der Tee

Dieses Getränk wird aus den Blättern des Teestrauchs gemacht. Er wird vor allem in Asien angebaut. Man kann aber auch aus Kräutern und Früchten Tee zubereiten.

das Telefon

Mit diesem Gerät kannst du mit jemandem sprechen, der gerade weit von dir entfernt ist. Beim Telefonieren sprichst du in ein Mikrofon, das die Schallwellen deiner Stimme in elektrische Signale verwandelt. Am anderen Ende der Leitung werden sie zurückverwandelt. So kann dich dein Gesprächspartner verstehen.

das Terrarium

In diesem großen Behälter aus Glas werden Spinnen, Insekten oder Schlangen, Echsen und Schildkröten gehalten. Damit sie sich wohl fühlen, wird das Terrarium mit Steinen, Erde oder Sand und Pflanzen befüllt. Eine Wärmelampe sorgt für Wärme.

Thailand

Dieses Land liegt in Südostasien. In Thailand ist es feucht und heiß. Deshalb wachsen hier üppige Regenwälder. Thailand ist vor allem für seine schönen Strände berühmt. Die Hauptstadt von Thailand ist Bangkok.

das Theater

Ein Theater ist ein Haus mit einer Bühne und Plätzen für die Zuschauer. Die Theateraufführungen selbst werden ebenfalls als Theater bezeichnet. Schauspiel, Oper, Ballett und Pantomime sind Theater.

T

das Thermometer

das Thermometer zeigt dir an, ob es draußen kalt oder warm ist. Mit einem Fieberthermometer kannst du deine Körpertemperatur messen.

der Tiger

Der Tiger ist die größte Raubkatze auf der Erde. Du erkennst ihn an seinem gelb-orangefarbenen Fell mit den schwarzen Streifen. Der Tiger lebt in Asien. Er jagt Kaninchen, Wildschweine, Ziegen und Schafe.

der Thunfisch

Der Thunfisch ist ein bis zu fünf Meter langer Raubfisch. Er lebt im offenen Meer und verfolgt seine Nahrung über weite Strecken. Der Thunfisch ist ein beliebter Speisefisch.

der Tintenfisch

Anders als sein Name vermuten lässt, ist dieses Tier kein Fisch. Er zählt zu den Weichtieren. Der Tintenfisch hat Fangarme mit Saugnäpfen. Bei Gefahr verspritzt er eine Tintenwolke, die den Feind ablenken soll, während der Tintenfisch flüchtet.

der Thymian

Diese Gewürzpflanze wächst vor allem rund um das Mittelmeer, aber auch bei uns im Garten. Mit Thymian würzt man Fleisch und Soßen. Als Heilpflanze hilft Thymian gegen Husten und Bauchschmerzen.

das Tipi

Das Zelt der nordamerikanischen Indianer heißt Tipi. Dafür werden mehrere Holzstangen so aufgestellt, dass sie sich am oberen Ende überkreuzen. Dann wird eine Plane über das Gestell gelegt.

T

der Tod

Wenn ein Mensch nicht mehr atmet und sein Herz nicht mehr schlägt, ist er tot. Er lebt nicht mehr. Der Tod gehört für alle Menschen und Tiere wie die Geburt zum Leben dazu.

der Traktor

Ein Traktor ist eine kräftige Zugmaschine, die in der Landwirtschaft eingesetzt wird. Mit seinen großen breiten Hinterreifen kann er auch gut auf schlammigem Boden fahren.

die Tomate

Dieses Gemüse stammt ursprünglich aus Südamerika. Sie wird heute aber überall auf der Welt angebaut. Am besten schmecken sie als Soße über Nudeln.

das Trampolin

Auf diesem Sportgerät kannst du wunderbar hüpfen. Das Trampolin besteht aus einem elastischen Sprungtuch, das in einen Rahmen gespannt ist.

der Ton

Dieses Wort hat mehrere Bedeutungen:
1. Der Ton in der Musik ist ein Klang. Musiktöne unterscheiden sich durch ihre Tonhöhe und Lautstärke.
2. Der Farbton ist eine Farbe, zum Beispiel Blau oder Rot. 3. Ton ist auch eine besondere Art von Erde. Du findest sie vor allem an Flussufern. Aus gebranntem Ton werden Blumentöpfe oder Dachziegel gemacht.

die Traube

Dieses Wort hat mehrere Bedeutungen:
1. Eine Traube ist eine Frucht, die auch Weintraube genannt wird.
2. Menschen, die eng beieinanderstehen, werden auch als Traube bezeichnet: Sie bilden eine Menschentraube.

T

der Traum
Jeder Mensch träumt. Denn im Traum werden alle Erlebnisse des Tages verarbeitet. Dein Gehirn arbeitet im Schlaf also weiter. Sobald du erwachst, hast du deine Träume aber schon vergessen.

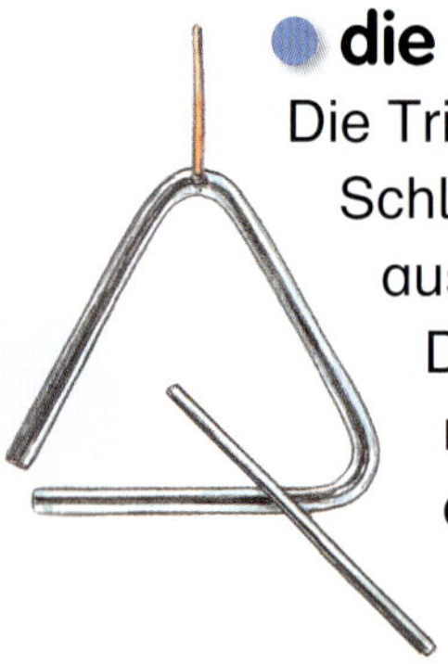

die Triangel
Die Triangel ist ein einfaches Schlaginstrument. Sie besteht aus Metall, das zu einem Dreieck gebogen ist. Es wird mit einem Metallstäbchen angeschlagen und erzeugt immer denselben Ton.

der Triceratops
Dieser große Dinosaurier lebte vor etwa 65 Millionen Jahren. Er wurde bis zu acht Meter lang und wog mehrere Tonnen. Besonderes Merkmal des Triceratops war sein Nackenschild. Außerdem besaß er drei Hörner: Zwei auf der Stirn und eines auf der Nase.

die Trommel
Dieses Schlaginstrument besteht aus einem kreisrunden Rahmen aus Holz oder Metall, auf den eine Tierhaut gespannt ist. Du kannst die Trommel mit den Händen oder mit Schlagstöcken schlagen.

die Trompete
Dieses Blechblasinstrument hat einen lauten, schmetternden Klang. Es besteht aus einem gebogenen Rohr mit einer Art Trichter am Ende. Die Trompete hat nur drei Ventile, mit denen der Trompetenspieler die Tonhöhe verändern kann.

der Truthahn
Dieser Vogel kommt ursprünglich aus Nordamerika. Seine Federn sind glänzend dunkelbraun bis schwarz. Sein Hals und sein Kopf haben keine Federn, sie sind rot. Traditionell werden zum amerikanischen Erntedankfest Truthähne gegessen.

- **der Tunnel**
Tunnel sind Verkehrswege, die durch Berge, unter Flüssen oder Städten hindurchführen. Sie werden durch das Erdreich gebohrt oder in den Fels gesprengt und verkürzen die Wege.

- **die Türkei**
Die Türkei ist ein Land, das auf dem europäischen wie auch auf dem asiatischen Kontinent liegt. Sie hat eine Küste zum Mittelmeer und zum Schwarzen Meer. Die Hauptstadt der Türkei ist Ankara.

- **Tschechische Republik**
Dieses osteuropäische Land grenzt an Deutschland, Polen, die Slowakei und Österreich. Es ist von drei Gebirgen umgeben: dem Erzgebirge, dem Böhmerwald und den Sudeten. Die Hauptstadt des Landes heißt Prag.

- **der Tyrannosaurus rex**
Dieser fleischfressende Dinosaurier lebte vor 65 Millionen Jahren. Er wurde fünf Meter hoch und dreizehn Meter lang und wog so viel wie sieben Autos.

- **die Tuba**
Dieses Blechblasinstrument sieht aus wie eine sehr große Trompete. Sie ist allerdings sehr schwer, sodass der Tubaspieler sie beim Spielen auf dem Schoß nimmt. Die Tuba erzeugt einen sehr tiefen Klang.

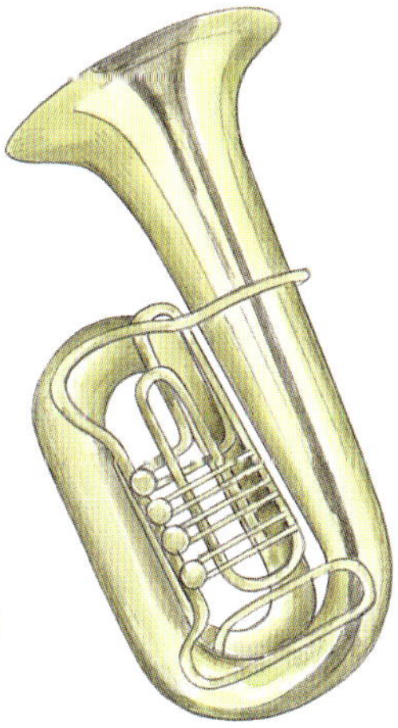

- **die Tulpe**
Diese Blume blüht im Frühjahr im Garten in vielen Farben. Die Blüten haben die Form eines Bechers. Tulpen sind beliebte Schnittblumen.

U

die U-Bahn

U-Bahn ist eine Abkürzung für Untergrundbahn. Denn bei einer U-Bahn fahren die Züge unterirdisch. So wird in der Stadt der Verkehr entlastet, und die Menschen kommen schneller ans Ziel.

die Überschwemmung

Nach einem starken Regen können Flüsse, Seen oder sogar das Meer über Ufer und Deiche treten. Dann stehen Felder und Straßen unter Wasser.

das U-Boot

U-Boot ist die Abkürzung für Unterseeboot. U-Boote werden hauptsächlich vom Militär genutzt. Doch auch Forscher und Entdecker gehen mit U-Booten auf Tauchfahrt.

die Uhr

Eine Uhr zeigt dir an, wie spät es ist. Der kleine und der große Zeiger zeigen dir die Stunde und die Minuten an. Digitale Uhren zeigen die Zeit in Ziffern an.

der Uhu

Dieser Eulenvogel wird bis zu 70 Zentimeter groß, und die Spannweite seiner Flügel beträgt über eineinhalb Meter. Du erkennst ihn an seinen großen, orangegelben Augen und den befiederten, langen Ohren.

die Ulme

Diesen Laubbaum erkennst du an seinem eiförmigen, spitzen und gezackten Blatt, bei dem die beiden Hälften nicht gleich groß sind und unterschiedlich hoch am Stiel ansetzen.

der Umweltschutz

Die Umwelt schützen bedeutet, das Wasser, die Luft und den Boden sauber zu halten. Autos dürfen nicht einfach ihre Abgase in die Luft blasen, Fabriken nicht ihre Abwässer ungeklärt in die Flüsse einleiten. Auch du kannst zum Umweltschutz beitragen, indem du Müll vermeidest und auch nicht achtlos wegwirfst.

Ungarn

Dieses mitteleuropäische Land ist berühmt für die Puszta, eine trockene, grasbewachsene Steppe, wo das Vieh geweidet wird. In Ungarn liegt der Plattensee, der größte See in Mitteleuropa. Die Hauptstadt heißt Budapest.

die Unke

Diese kleinen Froschlurche halten sich bevorzugt in stehenden Gewässern auf. Vor Feinden schützt sich die Unke mit giftigen Flüssigkeiten, die sie über ihre Warzen absondern kann.

der Urin

Mit dieser Flüssigkeit scheidet dein Körper Stoffe aus, die er nicht verwerten kann. Dazu wird das Blut in den Nieren gefiltert und als meist gelbe Flüssigkeit über die Harnwege ausgeschieden.

die USA

USA ist eine Abkürzung für United States of America, Vereinigte Staaten von Amerika. Die USA sind das drittgrößte Land der Erde. Es liegt in Nordamerika und reicht vom Atlantik bis zum Pazifik. Die Hauptstadt der USA heißt Washington.

V

der Vampir
Früher glaubten die Menschen, dass ein Verstorbener als Vampir aus dem Grab zurückkommen könnte, um den Lebenden das Blut auszusaugen. Das sind aber nur Sagengeschichten.

die Vase
Eine Vase ist ein Gefäß aus Keramik, Glas oder auch Metall. In eine Vase kannst du Wasser füllen, um Blumen hineinzustellen.

das Veilchen
Diese Blume hat violette Blüten und einen sehr schönen Duft. Deshalb wird sie zur Herstellung von Seifen und Parfums verwendet.

der Velociraptor
Dieser Dinosaurier lebte vor 80 Millionen Jahren. Sein Name bedeutet „flinker Räuber". Er wurde nur etwa so groß wie ein Truthahn.

die Verdauung
Bei der Verdauung wird die Nahrung im Körper verwertet. Sie beginnt bereits im Mund, geschieht aber hauptsächlich im Magen und im Darm. Der nicht verwertbare Rest wird über den Kot ausgeschieden.

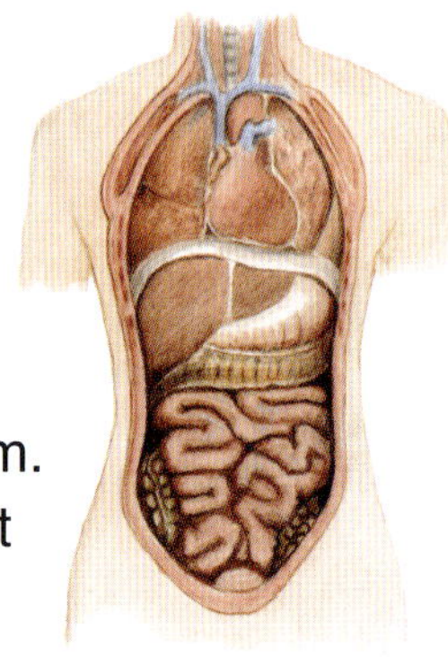

die Vererbung
Bestimmte Merkmale und Eigenschaften hast du von deinen Eltern bei der Geburt mitbekommen, wie etwa deine Haarfarbe oder deine Gesichtsform, aber auch deine Charaktereigenschaften. Sie wurden dir vererbt.

der Vielfraß

Der Vielfraß ist ein Räuber und jagt Mäuse, Eichhörnchen und Hasen, frisst aber auch Aas. Er lebt heute nur noch in den Nadelwäldern hoch im Norden Europas und Amerikas sowie in Sibirien.

das Virus

Das Virus ist ein unsichtbarer Krankheitserreger. Manche Viren sind für den Menschen harmlos, aber andere können gefährliche Krankheiten auslösen.

das Vitamin

Vitamine sind Stoffe, die in der Nahrung enthalten sind und die dein Körper benötigt, damit du gesund bleibst. Eines der bekanntesten Vitamine ist das Vitamin C, das zum Beispiel in Obst und Gemüse, insbesondere in Zitronen reichlich enthalten ist.

die Vogelspinne

Diese großen Spinnen leben in den Tropen. Ihre langen Beine sind kräftig und oft dicht behaart. Vogelspinnen ernähren sich von Insekten, aber auch von kleinen Nagetieren, die sie überwältigen können.

der Vulkan

Ein Vulkan ist eine kegelförmige Öffnung in der Erdkruste. Er entsteht, wenn flüssiges Gestein aus dem Erdinneren an die Oberfläche tritt.

W

die Waage

Mit einer Waage kannst du das Gewicht eines Gegenstandes messen. Auf einer Balkenwaage werden dazu zwei Gewichte verglichen. Bei einer Federwaage kannst du das Gewicht über die Ausdehnung der Feder anhand einer Skala ablesen. Heute gibt es auch elektronische Waagen, die das Gewicht digital anzeigen.

die Waise

Eine Waise ist ein Kind, dessen Eltern gestorben sind. Ist nur ein Elternteil gestorben, heißt das Kind Halbwaise. Wenn beide Eltern tot sind, nennt man es Vollwaise.

der Wal

Der Wal ist das größte lebende Säugetier und kommt in allen Meeren vor. Obwohl Wale durch die Lungen atmen, können manche Arten bis zu zwei Stunden untertauchen.

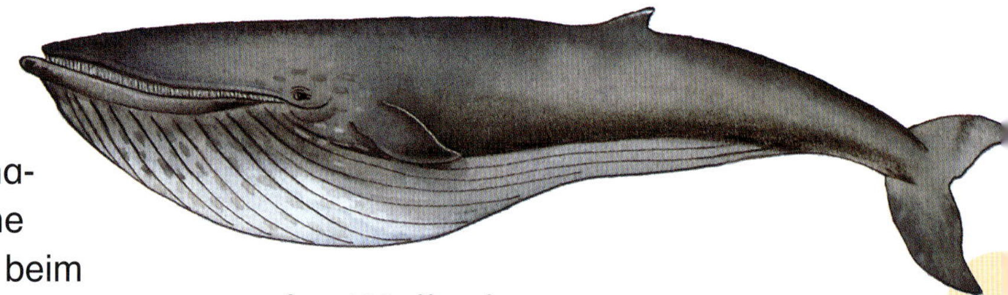

der Wacholder

Der Wacholder ist ein großer Strauch, dessen Nadeln aromatisch duften. Seine Beeren werden beim Kochen zum Würzen verwendet.

der Wallach

Ein Wallach ist ein kastrierter Hengst, dem die Hoden entfernt wurden. Er kann keinen Nachwuchs mehr zeugen. Dafür ist der Wallach aber umgänglich und ruhig und eignet sich gut als Arbeits- oder Reitpferd.

das Wachs

Natürliches Wachs wird von Bienen produziert, die daraus ihre Waben bauen. Wir benötigen dieses Wachs für die Herstellung von Cremes und Lippenstiften.

die Waffel

Dieses Gebäck wird aus Mehl, Butter und Wasser gemacht. Der Teig wird zwischen zwei heißen Waffeleisen knusprig gebacken. Zu Waffeln schmecken Schlagsahne, Eiscreme und heiße Früchte.

W

die Walnuss

Die Nüsse dieses Laubbaums sind vor allem in der Weihnachtsbäckerei beliebt. Walnussholz gehört zu den begehrtesten und teuersten Edelhölzern. Es ist sehr hart und sieht sehr schön aus.

das Walross

Diese große Robbenart lebt in den kalten Meeren der Nordhalbkugel unserer Erde. Das Walross hat zwei mächtige Stoßzähne, mit denen es in der Gruppe um die Rangordnung kämpft.

die Wanze

Dieses kleine Insekt genießt keinen guten Ruf. Die Wanze gilt als Schädling und Krankheitsüberträger. Das trifft vor allem auf die Bettwanze zu, die früher bei mangelnder Hygiene in den Wohnungen der Menschen vorkam.

das Warmblut

Das Warmblut ist eine Bezeichnung für bestimmte Pferderassen. Es entstand aus einer Kreuzung der schweren Kaltblüter mit spanischen und arabischen Pferden.

der Waschbär

Dieser kleine Bär hat einen ausgeprägten Tastsinn und ein sehr gutes Gehör. Er kann sogar hören, wenn sich Regenwürmer durch die Erde graben.

das Wasser

Wasser ist eine durchsichtige Flüssigkeit, die für Menschen, Tiere und Pflanzen überlebenswichtig ist. Unser Trinkwasser ist Süßwasser und wird aus Brunnen, Seen und Flüssen gewonnen und vor dem Gebrauch im Wasserwerk gereinigt. Das salzige Meerwasser kannst du nicht trinken.

W

der Wasserfall

Bei einem Wasserfall stürzt das Wasser aus einem Bach, Fluss oder See über eine Felskante in die Tiefe.

der Wasserläufer

Der langgestreckte Körper dieser kleinen Insekten ist ganz und gar mit feinen, wasserabweisenden Härchen bedeckt. Dadurch können diese Tierchen auf dem Wasser laufen, ohne einzusinken.

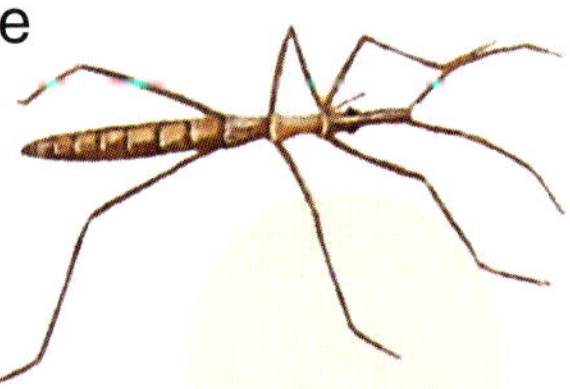

das Wasserwerk

In einem Wasserwerk wird unser Trinkwasser gemacht. Das Werk sammelt Grundwasser aus Brunnen oder Wasser aus Quellen, Seen und Flüssen, reinigt es und verteilt es über die Leitungen in die Haushalte.

das Watt

Dieses Wort hat mehrere Bedeutungen: 1. Als das Watt wird der Teil einer Küste bezeichnet, der bei Ebbe, wenn sich das Meer für einige Stunden zurückzieht, trocken liegt. 2. Watt ist auch eine Maßeinheit. An der Wattzahl auf Glühbirnen kannst du erkennen, wie hell sie leuchtet.

der Weberknecht

Der Weberknecht sieht aus wie eine Spinne mit sehr langen Beinen. Wenn er angegriffen wird, kann er ein Bein einfach abtrennen, um seinen Angreifer zu verwirren. Bei jungen Tieren wächst dieses Bein wieder nach.

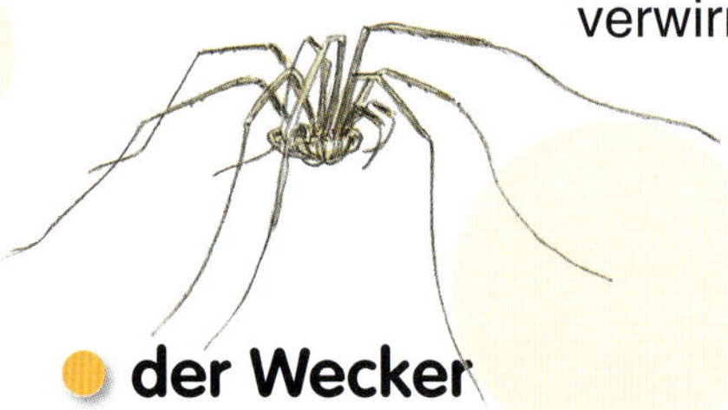

der Wecker

Einen Wecker brauchst du, wenn du nicht verschlafen willst. Der Wecker ist eine Uhr, bei der du einstellen kannst, wann sie klingeln soll.

W

die Weide

Dieses Wort hat mehrere Bedeutungen: 1. Weiden sind Laubbäume, die am Ufer von Flüssen und Seen wachsen. Sie sind sehr biegsam, weswegen sich die jungen Zweige mancher Arten gut zum Korbflechten eignen. 2. Die Weide ist Grasland, auf der die Bauern ihr Vieh grasen lassen.

das Weihnachten

Mit Weihnachten feiern die Christen jedes Jahr am 25. Dezember Jesu Geburt. Am Vorabend, dem Heiligen Abend am 24. Dezember, überreichen sich die Menschen als Zeichen der Verbundenheit Geschenke.

der Weißkohl

Dieses Gemüse wird besonders in den Wintermonaten geerntet. Der weiße Kohl hat viel Vitamin C und ist sehr gesund. Aus Weißkohl werden Eintöpfe und Kohlrouladen gekocht oder auch Sauerkraut gemacht.

der Weizen

Dieses Getreide ist in vielen Ländern ein Grundnahrungsmittel. Sein Mehl wird zu Brot und Nudeln, aber auch zu Keksen und Kuchen verarbeitet.

die Welle

Dieses Wort hat mehrere Bedeutungen: 1. Wenn Wind oder Strömungen das Meer bewegen, entstehen sichtbare Wellen.
2. Unsichtbare Wellen sind zum Beispiel Schallwellen in der Luft oder elektromagnetische Wellen wie Radiowellen, auf denen du die verschiedenen Sender empfangen kannst.

der Wellensittich

Seinen Namen hat der kleine bunte Vogel vom wellenförmigen Muster auf seinem Kopf und den Flügeln. Wellensittiche sind Schwarmvögel und sollten nicht alleine gehalten werden, da sie sich sonst einsam fühlen.

W

der Welpe
Wolf-, Fuchs- und Hundebabys werden Welpen genannt.

das Weltall
Mit Weltall bezeichnen wir das Universum, in welchem sich unsere Erde, der Mond, die Sonne und alle fernen Planeten, Sterne und Galaxien befinden.

die Wespe
Diese geflügelten Insekten erkennst du an ihren länglichen, schlanken Körpern mit den schwarzen und gelben Streifen. Die meisten Arten leben in großen Staaten mit einer Königin. Sie bauen ihr Nest aus einer papierähnlichen Masse, indem sie Holzreste zerkauen.

der Wiedehopf
Ihn kannst du leicht an seinem nach hinten geschwungenen Federkamm und dem langen Schnabel erkennen. Wird der Wiedehopf angegriffen, verspritzt er eine übel riechende Flüssigkeit. Daher kommt der Ausdruck „stinken wie ein Wiedehopf“.

die Wikinger
Die Wikinger waren ein nordisches Volk von gefürchteten Kriegern und Seeräubern, die im Mittelalter mit ihren Drachenbooten über die Meere fuhren.

- **das Wildschwein**
  Das Wildschwein ist der Vorfahre unseres Hauschweins. Wildschweine haben ein dunkelbraunes, borstiges Fell und leben in sogenannten Rotten in den Wäldern. Sie sind Allesfresser.

- **die Windpocken**
  Diese ansteckende Krankheit wird durch einen Virus übertragen. Du kannst sie an den roten, linsengroßen Pusteln auf der Haut leicht erkennen. Windpocken kannst du nur einmal bekommen, danach bist du immun.

- **der Wind**
  Wind ist eine Luftströmung, die entsteht, wenn die Sonne am Tag die Erde erwärmt und die warme Luft sehr weit nach oben steigt. Dadurch strömt kalte Luft aus anderen Regionen an die Stelle der warmen Luft: Wir bekommen Wind.

- **die Windhose**
  Das ist anderer Begriff für einen Tornado, also einen Wirbelsturm. Bei der WIndhose wirbelt die Luft auf einem engen Raum umeinander. Dieser Wirbel verläuft von der Wolkendecke bis zum Boden und sieht aus wie ein Schlauch.

- **der Windhund**
  Dieser schlanke, hochbeinige Hund wurde zum Zwecke der Jagd gezüchtet. Er ist nach dem Gepard das schnellste Landtier der Erde. Heute wird der Windhund bei Hunderennen eingesetzt.

- **der Winter**
  Der Winter ist die kälteste Jahreszeit. In den Wintermonaten Dezember, Januar und Februar sind die Tage kurz und die Nächte lang. Die meisten Pflanzen haben in diesen Monaten eine Wachstumspause.

- **der Winterschlaf**
  Einige wilde Tiere suchen sich im Herbst eine geschützte Höhle und verkriechen sich bis zum Frühling darin. Während des Winterschlafes fressen und trinken sie nichts und leben nur von ihren im Sommer angelegten Fettreserven.

- **der Winzer**
  Der Winzer ist ein Weinbauer. Er ist für die Pflege der Weinreben zuständig und erntet die Trauben. Daraus stellt er den Wein her.

W

die Wirbelsäule

Die Wirbelsäule ist das tragende Element des Skeletts. Du kannst sie in deinem Nacken gut fühlen. Sie geht vom Kopf den Rücken hinunter bis zu deinem Po. Sie besteht aus vielen einzelnen Knochen, die Wirbel heißen.

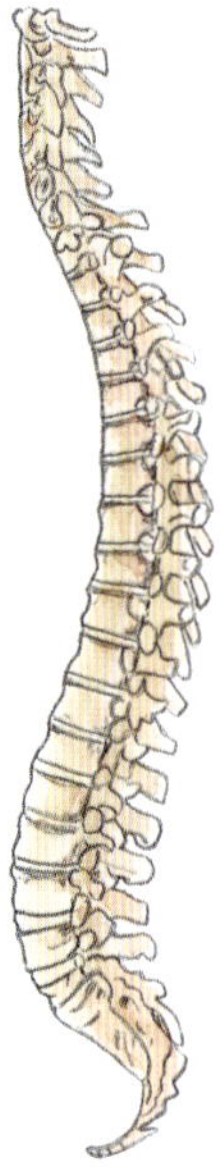

der Wirbelsturm

Ein Wirbelsturm ist ein sehr heftiger Sturm. Er entsteht meistens über den Ozeanen. Wirbelstürme können eine zerstörerische Kraft entwickeln und ganze Landstriche verwüsten.

der Wirsing

Wirsing ist ein Kohlgemüse. Seine Blätter sind kraus und gewellt. Wirsing enthält viele gesunde Vitamine und wird als Gemüsebeilage und in Eintöpfen verwendet.

das Wohnmobil

Ein Wohnmobil ist ein kleiner Bus, in dem man wohnen kann. In ihm sind auf engsten Raum Betten, Sitzbänke, Schränke, Tisch und Küche untergebracht. So kann die ganze Familie zum Camping in den Urlaub fahren.

der Wolf

Der Wolf ist ein Raubtier und Vorfahr unserer Haushunde. Wölfe leben in Familiengruppen, die Rudel genannt werden.

die Wolken

Wolken bestehen aus Wasserdampf, der von der Erde zum Himmel gestiegen ist. Kühlt sich dieser Dampf ab, bilden sich kleine Tröpfchen oder Eiskristalle, die sich zu Wolken formen.

die Wolle

Als Wolle bezeichnet man die Haare des Fells von Schafen, Ziegen oder Kaninchen. Daraus werden Stoffe gewebt oder Pullover, Schals und Mützen gestrickt.

die Wünschelrute
Manche Menschen glauben, dass sie mit einer Wünschelrute Wasseradern aufspüren können. Eine Wünschelrute besteht meist aus einer Astgabel. Liegt eine Wasserader unter der Erde, soll das Ende der Wünschelrute ausschlagen.

der Würfel
Ein Würfel ist ein Körper mit sechs gleich großen Seiten, die quadratisch sind. Für viele Spiele brauchst du einen Spielwürfel. Er hat auf jeder Seite Punkte, die für eine Zahl stehen.

der Wurm
Ein Wurm ist ein langgestrecktes, schlauchförmiges Tier. Würmer haben keine Knochen oder Panzer. Viele Würmer leben in der Erde. Aber auch im Meer gibt es Würmer.

die Wurst
Wurst wird aus Fleisch gemacht. Dazu kommt das gehackte und gewürzte Fleisch in eine Hülle. Manche Würste werden getrocknet oder geräuchert, um sie haltbar zu machen, zum Beispiel die Salami.

die Wurzel
die Wurzel ist der Teil einer Pflanze, der unter der Erde liegt. Mit ihr halten sich Pflanzen im Erdreich fest. Außerdem kommen sie so an das Wasser und die Nährstoffe, die sie brauchen, heran.

die Wüste
Auf den ersten Blick ist die Wüste ein trockener, lebensfeindlicher Ort mit viel Sand oder Felsen, wo es selten oder nie regnet! Doch selbst hier leben viele Tiere und Pflanzen, die sich an diesen Lebensraum angepasst haben.

das Xylophon
Ein Xylophon ist ein Schlaginstrument mit verschieden langen Holzstäben, die je nach Länge unterschiedlich klingen. Sie werden mit einem Schlägel angeschlagen.

die Yacht
Eine Yacht ist ein größeres Boot mit einer Kajüte, in der du wohnen kannst. Segel- oder Motoryachten sind meistens sehr teuer und edel.

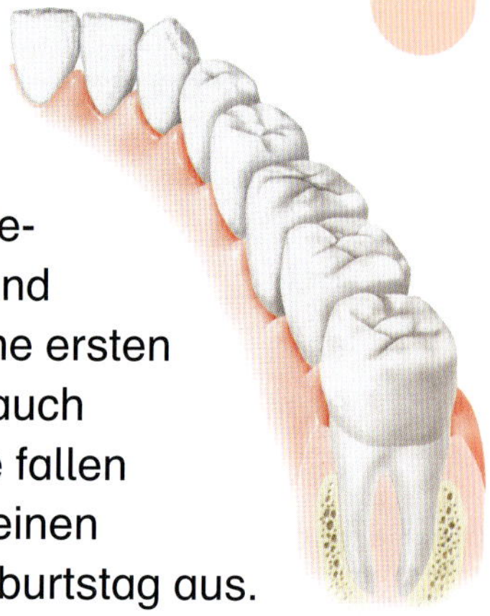

der Zahn
Der Mensch hat 32 Zähne: Schneidezähne, Eckzähne und Backenzähne. Deine ersten 20 Zähne heißen auch Milchzähne, sie fallen um deinen 6. Geburtstag aus.

der Yak
Der Yak ist eine Rinderart, die im Gebirge in Zentralasien zuhause ist. Sein zotteliges schwarz-braunes Fell reicht ihm bis zum Boden.

der Zander
Der Zander ist ein Raubfisch. Er lebt vor allem in Flüssen und Seen. Sein festes weißes Fleisch hat keine Gräten. Deshalb wird er besonders gerne gegessen.

der Yeti
Das ist der Name für einen Schneemensch, der angeblich im Himalaja lebt. Man hat Fußspuren im Schnee entdeckt. Doch einen echten Beweis für dieses Lebewesen gibt es nicht.

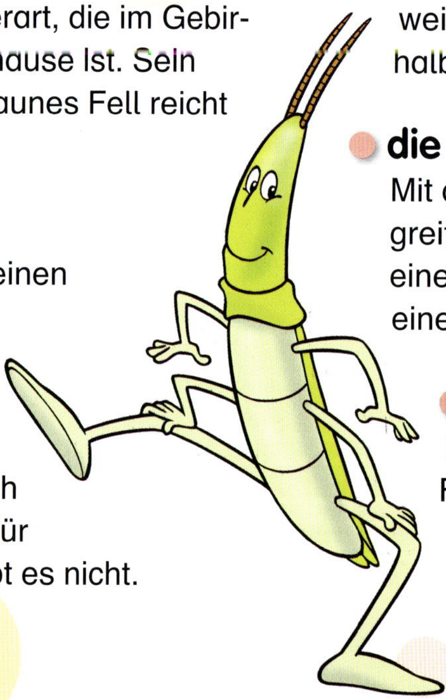

die Zange
Mit diesem Werkzeug kannst du etwas greifen oder abzwicken. Zum Beispiel einen Nagel aus dem Holz ziehen oder einen Draht durchtrennen.

der Zapfen
Nadelbäume wie Tannen, Kiefern, Fichten und Erlen haben Zapfen. Sie enthalten die Samen der Bäume.

Z

der Zauberer
Ein Zauberer beherrscht die Magie. Er kann Dinge herbeizaubern oder verschwinden lassen. Doch das gibt es nur in Geschichten.

die Zecke
Dieses Insekt ernährt sich vom Blut anderer Tiere, aber auch vom Blut des Menschen. Eine Zecke ist nicht größer als ein Stecknadelkopf. Wenn sie sich satt getrunken hat, ist sie so groß wie eine Erbse.

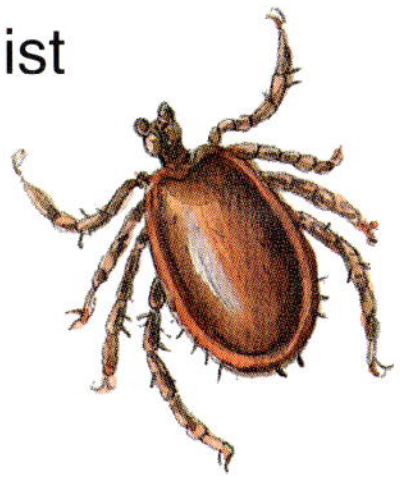

der Zaunkönig
Dieser kleine, braune Singvogel hat eine kugelige Gestalt und ist kaum größer als ein Spatz. Er stellt seinen kurzen Schwanz meist senkrecht nach oben.

das Zelt
Ein Zelt brauchst du, wenn du in der freien Natur übernachten willst. Zelte bestehen aus wasserdichtem Stoff. Mit Stangen und Schnüren kannst du das Zelt fest machen, damit es nicht zusammenfällt oder wegfliegt.

das Zebra
Dieses Tier ist mit dem Pferd verwandt und lebt in Afrika. Es ist leicht an seinen schwarzen und weißen Streifen zu erkennen. Bei uns kannst du das Zebra im Zoo besuchen.

der Zeppelin
Der Zeppelin ist ein Luftschiff, das aussieht wie eine Zigarre. Es besteht aus einem bespannten Metallgerüst und wird mit Gas gefüllt. Die Personen sitzen in einer Gondel unter dem Ballon. Als Antrieb dient ein Motor.

der Zebrastreifen
An einem Zebrastreifen müssen die Autos anhalten, um dich über die Straße zu lassen. Einen Zebrastreifen erkennst du an den breiten weißen Streifen, die auf die Straße gemalt sind.

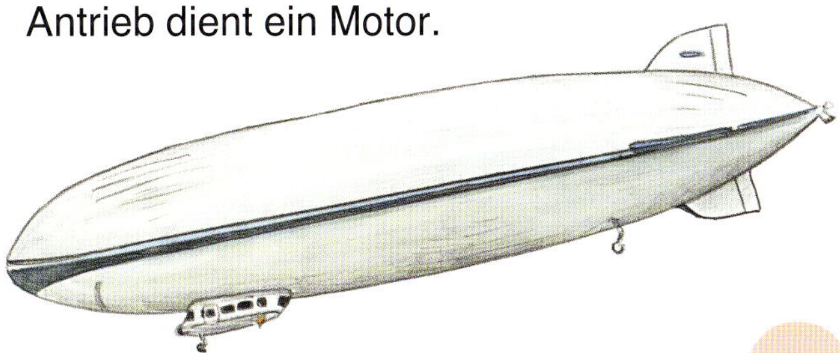

Z

die Ziege

Die Ziege ist eines der ältesten Haustiere des Menschen und liefert uns Fleisch, Milch, Wolle und das Ziegenleder.

die Zitrone

Diese gelbe Zitrusfrucht schmeckt ganz sauer, ist aber sehr gesund, da sie viel Vitamin C enthält. Verdünnst du ihren Saft mit Wasser und süßt ihn mit etwas Zucker, hast du eine leckere Limonade.

der Zimt

Dieses Gewürz wird aus der Rinde des Zimtbaumes hergestellt. Du kannst Zimt als hellbraune Zimtstange oder fertig gemahlen kaufen. Mit Zimt würzt man Süßspeisen, Gebäck oder heiße Getränke.

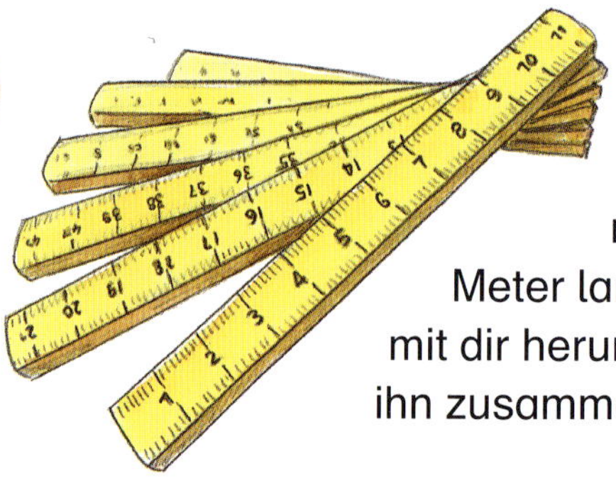

der Zollstock

Mit einem Zollstock kannst du Längen messen. Die meisten Zollstöcke sind zwei Meter lang. Damit du den Zollstock mit dir herumtragen kannst, kannst du ihn zusammenklappen.

der Zirkus

In einem Zirkus führen Akrobaten, Zauberer und Tiere Kunststücke auf. Sie werden von einem Orchester begleitet. Ein Clown macht zwischendurch seine Späße.

der Zoo

In einem Zoo kannst du dir wilde Tiere aus fernen Ländern ansehen. Sie leben in Gehegen und werden von den Tierpflegern versorgt.

die Zither

Die Zither ist ein Zupfinstrument, das vor allem in den Alpenländern beliebt ist. Die Zither besteht aus einem flachen Kasten. Auf ihm sind Saiten gespannt, die mit den Fingern gezupft werden.

die Zucchini

Dieses längliche bis runde Gemüse kann gelb, grün und sogar gestreift sein. Sie ist als Beilage gebraten oder gekocht lecker. Aber auch die Blüten der Zucchini sind essbar.

Z

der Zucker

Zucker wird aus der Zuckerrübe oder dem Zuckerrohr gemacht. Damit kannst du Speisen süßen. In vielen Lebensmitteln ist bereits Zucker enthalten, zum Beispiel in Honig und in Früchten der Fruchtzucker.

der Zug

Ein Zug besteht aus einer Lokomotive und Waggons für die Passagiere und das Gepäck. Es gibt auch extra Waggons, in denen du etwas zu essen bekommen kannst, und Schlafwagen, in dem Betten für die Reisenden sind.

die Zunge

Mit der Zunge kannst du schmecken. Dafür befinden sich auf deiner Zunge die sogenannten Geschmacksknospen. Du brauchst deine Zunge aber auch zum Sprechen.

der Zwerg

Der Zwerg ist ein Wesen aus Märchen und Sagen. Zwerge sind zwar sehr klein, aber kräftig und schlau.

die Zwiebel

Die Zwiebel ist ein Gemüse. Roh schmeckt die Zwiebel scharf, aber gekocht wird sie weich und süß.

der Zwilling

Wenn eine Frau bei einer Geburt zwei Kinder zur Welt bringt, nennen wir sie Zwillinge. Eineiige Zwillinge sehen sich zum Verwechseln ähnlich. Zweieiige Zwillinge können auch Junge und Mädchen sein.

Zypern

Zypern ist eine große Insel im Mittelmeer. Die Menschen sprechen dort griechisch und türkisch. Die Hauptstadt Zyperns heißt Nikosia.

Aa Bb Cc

Gg Hh

Ll Mm Nn

Qq

Rr

Vv Ww Xx